RÉPERTOIRE ADMINISTRATIF.

PARIS, IMPRIMERIE DE P. DUPONT ET COMP.

Rue de Grenelle-Saint-Honoré, n° 55.

RÉPERTOIRE ADMINISTRATIF,

GUIDE DE LA CLASSIFICATION GÉNÉRALE DES AFFAIRES PUBLIQUES,

OU

DICTIONNAIRE COMPLET

des attributions de tous les Ministères et de toutes les Administrations du Royaume,

PORTANT L'INDICATION

DU MINISTÈRE, DE LA DIVISION ET DU BUREAU COMPÉTENS, A LA SUITE DE CHAQUE ARTICLE MIS SOUS SA DÉNOMINATION DIRECTE ET SOUS TOUTES SES INVERSIONS,

SANS RENVOIS,

(Y COMPRIS LA PRÉFECTURE DE POLICE ET LA PRÉFECTURE DE LA SEINE);

PAR Vor MERCIER,

EMPLOYÉ AU MINISTÈRE DE L'INTÉRIEUR.

***

PARIS

CHEZ L'AUTEUR, RUE DE SÈVRES, N° 3o,

ET CHEZ LES PRINCIPAUX LIBRAIRES.

***

1835

Employé au ministère de l'intérieur depuis longues années, toujours dans des parties d'ordre, et chargé, entre autres choses, des renseignemens indicatifs pour tout ce qui concerne l'*administration départementale et communale*, l'auteur de cet ouvrage a pu se convaincre chaque jour et par lui-même que la *classification des affaires administratives* de toute nature était presque généralement inconnue du public, et qu'il s'ensuivait, pour le service général, de nombreuses et inutiles recherches, et pour le public des démarches vagues, fatigantes, des renvois de ministère en ministère, de bureau en bureau, occasionant une grande perte de temps, le tout bien souvent sans réussite.

Après avoir cherché long-temps les moyens de remédier à un tel inconvénient, si préjudiciable aux intéressés et à l'administration elle-même, l'auteur offre à cet effet le *Répertoire administratif, général et indicateur*.

Ce livre a été accueilli avec quelque intérêt avant sa publication et sur de simples annonces : il a valu dès-lors à son auteur, de la part de personnes recommandables, des félicitations écrites et verbales qui lui sont précieuses.

Cette bienveillance n'était sans doute qu'un flatteur encouragement pour un travail qui remplissait une grande lacune, et qu'on jugeait avec raison des plus longs et des plus minutieux à établir ; mais, dès ce moment, c'était créer la nécessité d'offrir le *Répertoire administratif* digne de l'intérêt qu'on avait bien voulu lui porter à l'avance ; c'était montrer d'une manière indirecte, mais bien précise, le but à atteindre. L'auteur l'a compris ainsi et n'a rien négligé pour répondre à ce qu'on demandait de lui : c'était aussi le seul moyen qui était en son pouvoir d'offrir à son honorable patronage les preuves de son respect et de sa gratitude.

V. Mercier,

Employé au ministère de l'intérieur.

AVERTISSEMENT.

Les indications se trouvent à la suite de chaque article, sur la même ligne horizontale, et les recherches doivent être faites sous la désignation directe plutôt que sous celle de l'article auquel se rapporte la recherche elle-même ; par exemple : *Acquisitions par les communes* se trouvera nécessairement à *Communes* ; mais il est plus facile de le trouver au mot *Acquisitions par les communes* : ainsi du reste, puisque tout se trouve par désignation spéciale et par inversion, *sans renvois.*

Il faut se rappeler aussi, pour la préfecture de la Seine et la préfecture de police, que la désignation d'un article à tel ou tel de leurs bureaux n'empêche pas que l'objet ne dépende d'abord, en premier ordre, du ministère compétent ; ainsi, bien qu'on trouve : *Abattoirs (dépenses d'établissement). Préfecture de la Seine*, 1re *division*, 1er *bureau*, cela n'empêche pas que les *Abattoirs* du département de la Seine, comme ceux des autres localités, ne dépendent directement, en fait de *dépenses d'établissement*, de l'intérieur, *administration départementale et communale*, 4e *bureau* : seulement cette désignation de bureaux, pour les deux préfectures susdites, se trouve ici pour la commodité de ceux qui auront à traiter des affaires du ressort de ces administrations.

Un coup d'œil au hasard sur quelques feuilles de cet ouvrage suffira d'abord pour faire comprendre quelle extension lui a été donnée, soit par les inversions sans nombre, soit par les immenses détails apportés dans sa confection ; en effet, il fallait offrir un travail non seulement utile, mais commode, et pour cela, l'établir sur la plus vaste échelle possible, en mettant résolument la main à l'œuvre sans s'inquiéter de l'amas des matériaux à employer : c'est ainsi que cet ouvrage a paru à l'auteur devoir être conçu, et c'est ainsi qu'il s'empresse de le présenter au public.

A

ATTRIBUTIONS.	MINISTÈRES.	DIRECTIONS, ADMINISTRAT^{ons}, DIVISIONS.	BUREAUX.
ABATTAGE d'arbres dans les forêts (régie administrative).	Finances.	Administration des forêts, 3e division.	Contentieux.
— d'arbres le long des routes.	Intérieur.	Direction génér. des ponts-et-chaussées.	Section des routes et ponts.
— d'animaux nuisibles ou attaqués de maladies contagieuses.	Commerce.	Administration de l'industrie agricole et commerciale.	3e B^{au}.
— d'animaux nuisibles ou attaqués de maladies contagieuses (départ. de la Seine).		Préfecture de police, 2e division.	4e.
ABATTOIRS. Examen préparatoire sous le rapport de la salubrité.	Commerce.	Administration de l'industrie agricole et commerciale.	4e.
— Construction, établissement, dépenses.	Intérieur.	Administration départementale et communale.	4e.
— Droits de places.	Id.	Id.	4e.
— Établissement par traités.	Id.	Id.	3e.
— de Paris (établissement, conservation).		Préfecture de la Seine, 1re division.	1er.
— Personnel des employés (Seine).		Id.	1er.
— de Paris (surveillance.)		Préfecture de police, 1re division.	1er.
ABONNEMENS de fonds des préfets et sous-préfets.	Intérieur.	Section de l'administration du personnel.	2e.
— de fonds pour la préfecture de la Seine.		Préfecture de la Seine, secrétariat général.	1re section.

ATTRIBUTIONS.	MINISTÈRES.	DIRECTIONS, ADMINISTRAT^{ons}, DIVISIONS.	BUREAUX.
ABONNEMENS de fonds pour la préfecture de police.		Préfecture de police, secrétariat général.	1er B^{au}, 2e sect^{on}.
ABONNEMENT des villes pour casernement, (encaissement des produits).	Guerre.	Direction de l'administration.	B^{au} de la solde.
— des villes pour casernement (dépenses).	Intérieur.	Administration départementale et communale.	4e.
— des villes pour casernement (fixation du prix, prélèvemens des droits.)	Finances.	Administration des contributions indirectes.	
ABORNEMENT des forêts.	Id.	Administration des forêts, 2e division.	Matériel.
ABREUVOIRS (établissement par les communes.)	Intérieur.	Administration départementale et communale.	4e.
ABSENCE (déclaration d')	Just. et cult.	Division des affaires civiles et du sceau.	1er.
ACADÉMIE française.	Instr. publ.	Troisième division.	B^{au} des sciences et let., 1re sect.
— des inscriptions et belles lettres.	Id.	Id.	Id.
— des sciences.	Id.	Id.	Id.
— des beaux-arts.	Id.	Id.	Id.
— des sciences morales et politiques.	Id.	Id.	Id.
— française à Rome.	Intérieur.	Division des beaux-arts.	1er.
— de l'industrie française.	Commerce.	Administration de l'industrie agricole et commerciale.	2e.

ATTRIBUTIONS.	MINISTÈRES.	DIRECTIONS. ADMINISTRAT^ons, DIVISIONS.	BUREAUX.
ACADÉMIE royale de médecine.	Instr. publ.	Troisième division.	B^au des sciences et let., 2e sect.
— royale de musique.	Intérieur.	Division des beaux-arts.	2e.
ACADÉMIES. Nomination des divers fonctionnaires.	Instr. publ.	Première division.	1er.
— Frais de tournées des inspecteurs.	Id.	Division de la comptabilité générale.	2e.
— Matériel et dépenses.	Id.	Id.	2e.
ACCOUCHEMENT (cours d').	Instr. publ.	Troisième division.	B^au des sciences et let., 2e sect.
ACQUISITIONS par les departemens.	Intérieur.	Administration départementale et communale.	2e.
— par les communes.	Id.	Id.	4e.
— id. par traités.	Id.	Id.	3e.
— id. par voie d'expropriation.	Id.	Id.	3e.
— par les hospices.	Id.	Id.	5e.
— pour les alignemens (département de la Seine).		Préfecture de la Seine, 2e division.	4e.
— pour les fortifications id.		Id.	3e.
ACTES administratifs des préfets (réunion des feuilles imprimées).	Intérieur.	Administration départementale et communale.	1er.

ATTRIBUTIONS.	MINISTÈRES.	DIRECTIONS, ADMINISTRAT^{ons}, DIVISIONS.	BUREAUX.
ACTES politiques (diplomatie).	Aff. étrang.	Direction politique.	Bureau du protocole.
— de l'état civil.	Just. et cult.	Division des affaires civiles et du sceau.	1er.
— id. (Seine).		Préfecture de la Seine, 1re division.	2e.
ACTIONS judiciaires au nom des départemens.	Intérieur.	Administration départementale et communale.	2e.
— judiciaires des communes.	Id.	Id.	3e.
— id. des hospices.	Id.	Id.	5e.
ADJOINTS aux maires (présentation à la nomination du roi).	Id.	Section de l'administration du personnel.	1er.
— aux maires (nomination sur propositions des préfets).	Id.	Id.	2e.
ADJUDICATIONS par les départemens.	Id.	Administration départementale et communale.	2e.
— par les communes.	Id.	Id.	4e.
— id. (traités particuliers).	Id.	Id.	3e.
— par les hospices.	Id.	Administration départementale et communale.	5e.
— de la guerre (vivres, fourrage, chauffage).	Guerre.	Direction de l'administration.	B^{au} des subsistances milit.

ATTRIBUTIONS.	MINISTÈRES.	DIRECTIONS, ADMINISTRAT^{ons}, DIVISIONS.	BUREAUX.
ADJUDICATIONS de la marine (vivres, etc.).	Marine.	Direction des subsistances.	B^{au} des marchés
— de la guerre (marchés généraux).	Guerre.	Direction des fonds de la comptabilité générale.	Bureau des fonds.
— de la marine id.	Marine.	Direction de la comptabilité.	B^{au} des comptes et budgets.
— de tous les ministères.		Secrétariat général.	B^{au} central.
— par la préfecture de la Seine.		Préfecture de la Seine, secrétariat général.	1re section.
— par la préfecture de police.		Préfecture de police, secrétariat général.	1er b^{au}, 1re sect.
ADMINISTRATION générale (hautes délibérations sur l').	Conseil des ministres.		
— générale (questions d').	Intérieur.	Administration départementale et communale.	1er.
— id. (ordonnancement des dépenses d').	Id.	Division de la comptabilité générale.	2e.
AFFAIRES confidentielles ou réservées (dans tous les ministères).		Cabinet particulier du ministre.	
— en retard, rappel des... (dans tous les ministères).		Secrétariat général.	B^{au} central.
AFFICHES (à Paris), surveillance.		Préfecture de police, secrétariat général.	2e b^{au}, 1re sect.

ATTRIBUTIONS.	MINISTÈRES.	DIRECTIONS, ADMINISTRAT°ⁿˢ, DIVISIONS.	BUREAUX.
AFFOUAGE dans les bois de l'état (régime).	Finances.	Administration des forêts, 2ᵉ division.	Matériel.
— Droits au profit des communes.	Intérieur.	Administration départementale et communale.	3ᵉ.
AFFRANCHISSEMENS de et pour Paris (lettres etc.).	Finances.	Administration des postes , troisième division.	Bureau du service de Paris.
— pour les départemens et l'étranger.	Id.	Id. id.	Bᵃᵘ des affranchiss. étrang.
— des journaux et ouvrages périodiques.	Id.	Id. id.	Bᵃᵘ de l'affranchiss. des jⁿᵃᵘˣ.
AFRIQUE (possessions françaises du nord de l'), administration.	Guerre.	Direction des fonds de la comptabilité générale.	Bᵃᵘ d'Alger.
AGE (dispenses d') pour mariage.	Just. et cult.	Division des affaires civiles et du sceau.	2ᵉ.
AGENS de change près de la bourse de Paris (présentation aux emplois d').	Finances.	Administration centrale, secrétariat particulier.	1ʳᵉ section.
— de change dans les départemens (nomination des).	Commerce.	Administration de l'industrie agricole et commerciale.	1ᵉʳ bureau.
— diplomatiques (personnel , brevets).	Aff. étrang.	Direction politique.	Bureau du protocole.
— id. (pleins pouvoirs , commissions, provisions, etc.).	Id.	Id.	Id.

ATTRIBUTIONS.	MINISTÈRES.	DIRECTIONS, ADMINISTRAT^{ons}, DIVISIONS.	BUREAUX.
AGENS diplomatiques (établissemens de pensions).	Aff. étrang.	Direction de la comptabilité.	
AGRICULTURE (conseil d').	Commerce.	Administration de l'industrie agricole et commerciale.	
— encouragemens, régime général.	Id.	Id.	3e.
— (dépenses pour l')	Id.	Division de la comptabilité générale.	B^{au} des ordonnancemens.
— (département de la Seine), encouragemens.		Préfecture de la Seine, 3e division.	1er.
AISANCES fosses d' (à Paris), surveillance.		Préfecture de police, 2e division.	2e.
ALFORT (école d').	Commerce.	Administration de l'industrie agricole et commerciale.	3e.
— (entretien des élèves militaires à l'école d').	Guerre.	Direction du personnel et des opérations militaires.	Bureau de la cavalerie, etc.
ALGER. (Administration générale).	Id.	Dir^{on} des fonds de la comptabilité gén^{le}.	B^{au} d'Alger.
ALIÉNATIONS par les départemens.	Intérieur.	Administration départementale et communale.	2e.
— par les communes.	Id.	Id.	3e.
— par les hospices.	Id.	Id.	5e.
ALIÉNÉS. Régime général.	Id.	Id.	5e.
— Indigens (traitement aux frais dés départemens).	Id.	Id.	2e.

ATTRIBUTIONS.	MINISTÈRES.	DIRECTIONS, ADMINISTRAT^{ons}, DIVISIONS.	BUREAUX.
ALIÉNÉS à Paris (dépenses, etc.).		Préfecture de la Seine, 3e division.	2e.
— à Paris (surveillance).		Préfecture de police, 1re division.	3e.
ALIGNEMENT des rues et places de Paris et autres villes (examen préparatoire).	Intérieur.	Direction des bâtimens et monumens publics.	Conseil des bâtimens civils.
— de grande voirie le long des routes, etc.	Id.	Direction générale des ponts-et-chaussées.	Section des routes et ponts.
— des villes et bourgs.	Id.	Administration départementale et communale.	1er.
— à Paris.		Préfecture de la Seine, deuxième division.	4e.
ALMANACH royal. (Direction administrat.)	Instr. publ.	Secrétariat général.	2e.
— universitaire. (Id.)	Id.	Id.	2e.
AMBASSADEURS. (Commissions.)	Aff. étrang.	Direction politique.	Bureau du protocole.
— pleins pouvoirs, priviléges, etc.	Id.	Id.	Id.
— Introductions.	Id.	Id.	Id.
AMÉNAGEMENS des forêts (régie générale).	Finances.	Administration des forêts, 2e division.	Matériel.
— des forêts des communes. (Propositions.)	Intérieur.	Administration départementale et communale.	3e.
AMENDES de police (répartition du produit des).	Id.	Id.	4e.

ATTRIBUTIONS.	MINISTÈRES.	DIRECTIONS, ADMINISTRAT^{ons}, DIVISIONS.	BUREAUX.
AMENDES DE POLICE (Seine).		Préfecture de la Seine, première division.	1er.
— au profit de l'état (rentrée des).	Finances.	Administration de l'enregistrement et des domaines.	4e sous-direc-tion.
— id. remises, modérations, etc.	Id.	Id.	Id.
— pour délits forestiers, (demandes de re-mises, etc.)	Id.	Administration des forêts, 3e division.	Contentieux.
— pour délits de chasse, de pêche, (id.)	Id.	Id.	Id.
— pour contraventions aux réglemens du roulage.	Intérieur.	Direction générale des ponts-et-chaus-sées.	Section des rou-tes et ponts.
— (département de la Seine) pour délits de grande et petite voiries.		Préfecture de police, 1re division.	3e.
— (département de la Seine) pour délits de chasse, de pêche, etc.		Id.	3e.
— contre les comptables en retard dans la reddition de leurs comptes.		Cour des comptes.	
AMIRAUTÉ (conseil d').	Marine.		
AMNISTIES.	Guerre.	Direction du personnel et des opérations militaires.	B^{au} de la justice militaire.
AMORTISSEMENT (caisse d'), surveillance.		Commission nommée par le roi.	
AMPHITHÉÂTRES de dissection, examen sanitaire (département de la Seine).		Préfecture de police.	Conseil de salu-brité.

ATTRIBUTIONS.	MINISTÈRES.	DIRECTIONS, ADMINISTRAT^{ons}, DIVISIONS.	BUREAUX.
AMPHITHÉATRES de dissection, surveillance (Seine).		Prfecture de police, 2e division.	4e.
ANALYSE et enregistr. de la correspondance à l'arrivée (dans tous les ministères).		Secrétariat général.	B^{au} central.
ANIMAUX. (Dénombrement).	Commerce.	Adm^{on} de l'industrie agricole et comm^{le}.	3e.
— nuisibles, (destruction.)	Id.	Id.	3e.
— attaqués de maladies contagieuses (destruction à Paris).		Préfecture de police, deuxième division.	4e.
ANNUAIRE du bureau des longitudes.	Instr. publ.		Bureau des longitudes.
— militaire.	Guerre.	Secrétariat général.	B^{au} de la correspond^{ce} gén^{le}.
ANTIQUITÉS (cours d').	Instr. publ.	Troisième division.	B^{au} des sciences et let., 1re sect.
— nationales (inspection).	Intérieur.	Division des beaux-arts.	
— scientifiques (recherches des).	Instr. publ.	Troisième division.	B^{au} des sciences et let., 1re sect.
— (recherches des).	Intérieur.	Division des beaux-arts.	1er.
APPELS comme d'abus.	Just. et cult.	Division du culte catholique.	1er.
— de jeunes soldats.	Guerre.	Direction du personnel et des opérations militaires.	Bureau de recrutement.

ATTRIBUTIONS.	MINISTÈRES.	DIRECTIONS, ADMINISTRAT^{ons}, DIVISIONS.	BUREAUX.
APPOINTEMENS. Formation des états, paiement (dans tous les ministères).		Division de la comptabilité générale.	Bureau des comptes.
APPRENTISSAGE (mise des jeunes détenus en).	Intérieur.	Administration départementale et communale.	2e.
APPROVISIONNEMENS généraux , (régie administrative.)	Commerce.	Administration de l'industrie agricole et commerciale.	4e.
— de la guerre.	Guerre.	Direction de l'administration.	B^{au} des subsistances milit.
— de la marine.	Marine.	Direction des ports.	B^{au} des approvisionn^{mens} gén^x.
— des colonies.	Id.	Direction des colonies.	B^{au} des approvisionnemens.
— de Paris (surveillance générale).		Préfecture de police, 2e division.	3e.
AQUEDUCS.	Intérieur.	Direction générale des ponts et chaussées, section de la navigation.	2e.
— (département de la Seine)(surveillance).		Préfecture de police, 2e division.	3e.
ARCHÉOLOGIE (cours d').	Instr. publ.	Troisième division.	B^{au} des sciences et let., 1re sect.
ARCHEVÊCHÉS (présentation de nomination aux).	Just. et cult.	Division du culte catholique.	1er.
— Tarif des droits de secrétariat.	Id.	Id.	3e.

ATTRIBUTIONS.	MINISTÈRES.	DIRECTIONS, ADMINISTRAT^{ons}, DIVISIONS.	BUREAUX.
ARCHEVÊCHÉS. Tarif des droits d'oblation, d'inhumation, etc.	Just. et cult.	Division du culte catholique.	3e.
— (Construction des hôtels, travaux d'entretien, etc.).	Id.	Id.	2e.
— Mobilier, dépenses du matériel, etc.	Id.	Id.	2e.
ARCHITECTES des départemens (service administratif).	Intérieur.	Administration départementale et communale.	2e.
— du dép. de la Seine et de la ville de Paris (service administ. de la grande voirie).		Préfecture de la Seine, 2e division.	3e.
— de la petite voirie, à Paris.		Préfecture de police, 2e division.	2e.
ARCHIVES du royaume.	Intérieur.	Administration des archives générales du royaume.	
ARCHIVES de la guerre antérieures à 1792.	Guerre.	Direction du dépôt de la guerre.	5e section.
— id. depuis 1792.	Id.	Id.	3e id.
— de la marine.	Marine.	Secrétariat général.	B^{au} des archiv^{es}.
— de la grande chancellerie.	Grande chancell^{erie}.	Deuxième division.	Id.
— judiciaires.	Just. et cult.	Secrétariat général.	Id.
— commerciales.	Commerce.	Conseil supérieur de commerce, secrétariat général.	2e.

ATTRIBUTIONS.	MINISTÈRES.	DIRECTIONS, ADMINISTRAT^{ons}, DIVISIONS.	BUREAUX.
ARCHIVES départementales.	Intérieur.	Administration départementale et communale.	1er.
— de la couronne.	Intend^{ce} g^{le} de la list. civ.	Archives.	
— de tous les ministères et grandes administrations.		Secrétariat général.	Bureau des archives.
— domaniales (Seine).		Préfecture de la Seine, 1re division.	3e.
— de la préfecture de police.		Préfecture de police, secrétariat général.	1er b^{au}, 1re sect^{on}.
ARGENT (matière d'or et d'), marque, garantie.	Finances.	Commission des monnaies.	Bureau de la marque.
— id. droits de garantie.	Id.	Administration des contributions indirectes.	
— id. surveillance de la garantie à Paris.		Préfecture de police, 1re division.	1er.
ARGENT (dépôt des articles d'), postes.	Finances.	Administration des postes, 2e division.	B^{au} des articles d'argent.
ARGUES royales.	Id.	Administration des contributions indirectes.	
ARMEMENT des troupes.	Guerre.	Direction du personnel et des opérations militaires.	Bureau de l'artillerie.
— des places.	Id.	Id.	Id.

ATTRIBUTIONS.	MINISTÈRES.	DIRECTIONS, ADMINISTRAT^ons, DIVISIONS.	BUREAUX.
ARMEMENT des ports.	Marine.	Direction des ports.	B^au du matériel de l'artillerie.
— des vaisseaux, navires de tous rangs, etc.	Id.	Id.	Id.
ARMES (fabriques d').	Guerre.	Direction du personnel et des opérations militaires.	Bureau de l'artillerie.
— de commerce (droits d'importation).	Finances.	Administration des douanes, 4ᵉ division.	1ᵉʳ.
— exportation.	Guerre.	Direction du personnel et des opérations militaires.	Bureau de l'artillerie.
— (ports d').	Intérieur.	Division de la police générale.	2ᵉ.
— id. visa à Paris.		Préfecture de police 1ʳᵉ division.	4ᵉ.
— à feu (essais d'), autorisations.	Intérieur.	Division de la police générale.	1ᵉʳ.
— id. à Paris.		Préfecture de police, 2ᵉ division.	4ᵉ.
— prohibées (surveillance générale).	Intérieur.	Division de la police générale.	1ᵉʳ.
— id. surveillance (Seine).		Préfecture de police, 1ʳᵉ division.	1ᵉʳ.
ARMURIERS (maîtres) des troupes.	Guerre.	Direction du personnel et des opérations militaires.	Bureau de l'artillerie.
ARPENTEURS du cadastre.	Finances.	Direction des contributions directes.	2ᵉ.
— forestiers.	Id.	Administration des forêts, 2ᵉ division.	Matériel.
ARRÊTS et jugemens rendus par les cours et tribunaux (recueil général des).	Just. et cult.	Secrétariat général.	Bureau des archives.
— et jugemens rendus par les cours et tribunaux (recueil général des).		Préfecture de police, 1ʳᵉ division.	1ᵉʳ.

ATTRIBUTIONS.	MINISTÈRES.	DIRECTIONS, ADMINISTRAT°ᴺˢ, DIVISIONS.	BUREAUX.
ARRÊTS (maisons d'), administration géné-rale.	Intérieur.	Administration départementale et com-munale.	2ᵉ.
ARRIÉRÉ de la guerre (comptes).	Guerre.	Direction des fonds de la comptabilité générale.	Bureau du con-trôle.
— de la marine.	Marine.	Direction de la comptabilité des fonds.	Bᵃᵘ central des opérat. financ.
ARRIÉRÉ des départemens.	Intérieur.	Division de la comptabilité générale.	3ᵉ.
— des communes.	Id.	Administration départementale et com-munale.	3ᵉ.
— des hospices.	Id.	Id.	5ᵉ.
ARRONDISSEMENS (conseils d').	Id.	Section de l'administration du personnel.	1ᵉʳ.
— délimitations.	Just. et cult.	Division des affaires civiles et du sceau.	1ᵉʳ.
— id. propositions.	Intérieur.	Administration départ. et communale.	1ᵉʳ.
— id. de Paris (délimitations, etc.)		Préfecture de la Seine, 1ʳᵉ division.	1ᵉʳ.
ARROSEMENT id		Préfecture de police, 2ᵉ division.	3ᵉ.
ARSENAL du génie.	Guerre.	Direction du personnel et des opérations militaires.	Bᵃᵘ du génie.
ARSENAUX (direction des).	Id.	Id.	Id.
— de la marine.	Marine.	Direction des ports.	Bᵃᵘ du matériel de l'artillerie.

ATTRIBUTIONS.	MINISTÈRES.	DIRECTIONS, ADMINISTRAT°ⁿˢ, DIVISIONS.	BUREAUX.
ARTILLERIE. (Dépôt central).	Guerre.	Direction du personnel et des opérations militaires.	Bureau de l'artillerie.
— Personnel, état civil.	Id.	Id.	Id.
— Écoles, matériel.	Id.	Id.	Id.
— de la marine.	Marine.	Direction des ports.	Bᵃᵘ du matériel de l'artillerie.
ARTISTES. Indemnités, commandes de travaux.	Intérieur.	Division des beaux-arts.	1ᵉʳ.
— Encouragemens, pensions.	Id.	Id.	1ᵉʳ.
ARTS (beaux).	Id.	Id.	1ᵉʳ.
— et métiers, (conservation, régie administrative.)	Commerce.	Administration de l'industrie agricole et commerciale.	2ᵉ.
— id. (Écoles, bourses, comité consultatif.)	Id.	Id.	2ᵉ.
— et métiers (chambres consultatives).	Id.	Id.	2ᵉ.
— id. conseils de perfectionnement.	Id.	Id.	2ᵉ.
— id. bourses aux frais du département de la Seine et de la ville de Paris (à l'école des).		Préfecture de la Seine, 3ᵉ division.	1ᵉʳ.
ARZEW (possession française du nord de l'Afrique (administration).	Guerre.	Direction des fonds de la comptabilité générale.	Bᵃᵘ d'Alger.

ATTRIBUTIONS.	MINISTÈRES	DIRECTIONS, ADMINISTRAT^ons, DIVISIONS.	BUREAUX.
ASPHYXIÉS. Secours (département de la Seine).		Préfecture de police.	Conseil de salubrité.
— Matériel des secours (Seine).		id 2ᵉ division.	1ᵉʳ.
ASSAINISSEMENS généraux.	Commerce.	Secrétariat général.	Bᵃᵘ des établiss. sanitaires.
— à Paris.		Préfecture de police.	Conseil de salubrité.
— id. (matériel pour les).		id 2ᵉ division.	1ᵉʳ.
ASSEMBLÉES électorales (exécution des lois y relatives).	Intérieur.	Section de l'administration du personnel.	1ᵉʳ.
— (police des).	Id.	Division de la police générale.	1ᵉʳ.
— id. (département de la Seine).		Préfecture de police, secrétariat général.	2ᵉ bᵃᵘ, 1ʳᵉ sectᵒⁿ.
ASSOCIATIONS (police des) id.	Intérieur.	Division de la police générale.	1ᵉʳ.
— (police dans le département de la Seine.)		Préfecture de police, secrétariat général.	2ᵉ bᵃᵘ, 1ʳᵉ sectᵒⁿ.
ASSURANCES (compagnies d').	Commerce.	Administration de l'industrie agricole et commerciale.	1ᵉʳ.
ASTRONOMIE. Prix.		Académie des sciences.	
ASYLE (salles d') pour les enfans.	Intérieur.	Administration départementale et communale.	5ᵉ.
— id. dépenses par les communes.	Id.	Id.	4ᵉ.
— de la providence (personuel administratif et médical, etc.)	Id.	Secrétariat général.	Bureau des secours.

ATTRIBUTIONS.	MINISTÈRES.	DIRECTIONS, ADMINISTRAT°ⁿˢ, DIVISIONS.	BUREAUX.
ASYLE de la providence (admission aux places.)	Intérieur.	Secrétariat général.	Bᵃᵘ des secours.
ATELIERS dangereux (autorisation).	Commerce.	Adm. de l'ind. agricole et commerciale.	4ᵉ
— autorisation (Seine).		Préfecture de police, 2ᵉ division.	4ᵉ.
ATTRIBUTIONS des autorités administratives (questions y relatives).	Intérieur.	Administration départementale et communale.	1ᵉʳ.
— des bureaux de chaque ministère (réglemens, partage, etc.).		Secrétariat général.	Bᵃᵘ central:
AUDIENCES diplomatiques.	Affaires étrangères.	Direction politique.	Bureau du protocole.
— particulières dans chaque ministère.		Cabinet particulier du ministre.	
— publiques de chaque ministère.		Division et	Bureau compétens.
— (jours et heures), les vendredis de 2 à 4.	Just. et cult.	Division et	Bureaux compétens.
— tous les jours de 11 à 4.	Aff. étrang.		Bᵃᵘ de la chancellerie.
— mercredis et vendredis de 2 à 5.	Guerre.	Division et	Bᵃᵘ compétens.
— jeudis de 2 à 4.	Marine.	Id.	Id.
— jeudis de 2 à 4.	Intérieur.	Id.	Id.
— lundis et jeudis de 2 à 4.	Commerce.	Id.	Id.

ATTRIBUTIONS.	MINISTÈRES.	DIRECTIONS, ADMINISTRAT^{ons}, DIVISIONS.	BUREAUX.
AUDIENCES, jeudis de 2 à 4.	Instr. publ.	Division et	B^{au} compétens.
— tous les jours de 2 à 4.	Finances.	Administrations qui en dépendent.	Id.
— (demandes par écrit).	G^{de} chancel. lég. d'Honn.		
— mardis et vendredis de 2 à 4.		Dir^{on} générale des ponts-et-chaussées.	Id.
— tous les jours de 10 à 4.		Préfecture de la Seine.	Id.
— Id.		Préfecture de police.	Id.
AUDITEURS au conseil d'état (présentation de nomination, etc.).	Justice et cultes.	Division du personnel.	1er bureau.
— répartition dans les comités.	Id.	Id.	1er.
AUGSBOURG (confession d').	Just. et cult.	Division des cultes non catholiques.	B^{au} des cultes non catholiq.
AUTORITÉ royale (délibérations générales sur le maintien de l').	Conseil des ministres.		
AVANCES sur effets publics, lingots, monnaies de la valeur au moins de 10,000fr. (par privilége).		Banque de France.	Bureau de l'escompte.
AVARIES (réduction de droits pour cause d').	Finances.	Administration des douanes 2e division.	1er bureau.
AVEUGLES (Quinze-Vingts), administration, bourses, etc.).	Intérieur.	Division des Beaux-arts.	4e.
— institution royale des jeunes aveugles.	Id.	Id.	4e.
— pensions d'aveugles.	Id.	Id.	4e.

ATTRIBUTIONS.	MINISTÈRES.	DIRECTIONS, ADMINISTRAT^{ons}, DIVISIONS.	BUREAUX.
AVOCATS (échange et collation de grades).	Instr. publ.	Première division.	2°.
— (diplômes, etc.).	Id.	Id.	2ᶜ.
— surveillance et discipline.		Conseils de discipline des avocats.	
AVOUÉS (personnel).	Justice et cultes.	Division du personnel.	2°.
— (surveillance et discipline).		Chambres des avoués.	

B

ATTRIBUTIONS.	MINISTÈRES.	DIRECTIONS, ADMINISTRAT^{ons}, DIVISIONS.	BUREAUX.
BACS (régie administrative).	Intérieur.	Direct. générale des ponts-et-chaussées, section de la navigation.	3e.
— (recouvremens des produits).	Finances.	Administ. des contributions indirectes.	
— (à Paris).		Préfecture de la Seine, 2e division.	1er.
BAGNES (régime général).	Marine.	Direction des ports.	Bau des chiour-mes.
BAINS THERMAUX (direction administra-tive.)	Commerce.	Secrétariat général.	Bau des établis-semens sanit.
— (publics à Paris, surveillance).		Préfecture de police.	Cons. de salub.
BALADINS, id. (permission), id.		Id.	2e bau, 1re sect.
BALAYAGE public, surveillance et régie, à Paris).		Préfecture de police, 2e division.	3e.
— Id. Id. (dépense), Id.		idem comptabilité.	Caisse.
BALEINE (primes pour la pêche de la).	Commerce.	Adm. de l'indust. agricole et commerle.	1er bureau.
— (police des équipages).	Marine.	Direction des ports.	Bureau des mouvemens.
— (vérification des produits, au retour).	Finances.	Administration des douanes, 2e division.	1er bureau.
BALIVAGE des coupes de bois.	Id.	Administration des forêts, 2e division.	Matériel.
BALS publics (autorisation).	Intérieur.	Division des beaux-arts.	2e.
— Id. (police, à Paris).		Préfecture de police, secrétariat gén.	2eBau, 1resecton.
BANALITÉS conventuelles des communes.	Intérieur.	Adm. départementale et communale.	3e.

ATTRIBUTIONS.	MINISTÈRES.	DIRECTIONS, ADMINISTRAT^{ons}, DIVISIONS.	BUREAUX.
BANCS dans les églises (concessions).	Just. et cul.	Division du culte catholique.	3e.
BANQUE de France (surveillance , hauts fonctionnaires).	Finances.	Adm. centrale , secrétariat particulier.	1re section.
BANQUISTES de Paris, Id.		Préfect. de police, secrétariat général.	2e bau, 1re sect.
BANS des condamnés libérés (exécution des lois y relatives).	Intérieur.	Division de la police générale.	2e.
BARRAGES sur cours d'eau.	Id.	Direct. générale des ponts-et-chaussées, section de la navigation.	2e.
BARRIÈRES (personnel des employés, tra- vaux, entretien, à Paris).	Id.	Préfect. de la Seine , 2e division.	3e.
— dans les villes des départemens.	Id.	Adm. départementale et communale.	4e.
BATAILLONS de guerre (formation).	Guerre.	Direct. du personnel et des opérations militaires.	Bau du recrut.
— d'ouvriers (administration et personnel).	Id.	Direction de l'administration.	Bau de l'intend. militaire.
BATARDEAUX.	Intérieur.	Direct. générale des ponts-et-chaussées, section de la navigation.	2e.
BATEAUX de passage.	Id.	Id. section de la navigation.	3e.
— (de service à Paris).		Préfecture de la Seine, 2e division.	1er.
— (garage à Paris).		Id. de police , 2e division.	1er.
— à vapeur (surveillance de sûreté publi- que à Paris).	Id.	Id. 2e division.	1er.

ATTRIBUTIONS.	MINISTÈRES.	DIRECTIONS, ADMINISTRAT°ⁿˢ, DIVISIONS.	BUREAUX.
BATEAUX à vapeur (commission spéciale de surveillance à Paris).		Préfecture de police, 2ᵉ division.	1ᵉʳ.
BATIMENS (examens des découvertes et inventions y relatives).	Intérieur.	Direct. des bâtimens et monumens pub.	Div. des bâtimens civils.
— (alignement dans les villes).	Id.	Adm. départementale et communale.	1ᵉʳ.
— Id. (sur les routes royales et départementales).	Id.	Direct. générale des ponts-et-chaussées.	Section des routes et ponts.
— civils sans exception (examen des projets et devis).	Id.	Direction des bâtimens et monumens publics.	Conseil des bâtimens civils.
— départementaux construction (loyer, entretien).	Id.	Administration départementale et communale.	2ᵉ.
— départementaux (travaux, dépenses, mobilier, etc.).	Id.	Id.	2ᵉ.
— communaux (loyer, entretien, construction, acquisitions).	Id.	Id.	4ᵉ.
— communaux (aquisition, vente, échange, contentieux).	Id.	Id.	3ᵉ.
— des hospices (régie administrative).	Id.	Id.	5ᵉ.
— diocésains.	Just. et cult.	Division du culte catholique.	2ᵉ.
— militaires.	Guerre.	Direction du personnel et des opérations militaires.	Bᵃᵘ du génie.
— de la marine.	Marine.	Direction des ports.	Bᵃᵘ des travaux.

ATTRIBUTIONS.	MINISTÈRES.	DIRECTIONS , ADMINISTRAT^{ons}, DIVISIONS.	BUREAUX.
BATIMENS de la couronne (régie générale).	Int^{ce} gén^{le} de la liste civ,	Direction des bâtimens.	
— à proximité des forêts (demandes de permissions pour constructions).	Finances.	Administration des forêts , 3e division.	Contentieux.
— départementaux et communaux (de la Seine).		Préfecture de la Seine , 2e division.	3e.
— des communes rurales (de la Seine).		Id. 1re division.	1er.
— (péril des) à Paris.		Préfecture de police , 2e division.	2e.
— de tous les ministères (entretien , mobilier, etc.)		Division de la comptabilité générale.	Bureau de la comptabilité.
— de tous les ministères (surveillance).		Id.	B^{au} du service intérieur.
BAUX (pour les départemens).	Intérieur.	Administration départementale et communale.	2e.
— (pour les communes).	Id.	Id.	3e.
— des hospices.	Id.	Id.	5e.
— (préfecture de la Seine).		Préfecture de la Seine , secrétariat général.	1er.
— (préfecture de police).		Préfecture de police, secrétariat général.	1er b^{au}, 1re sect.
BEAUX-ARTS (direction administrative).	Intérieur.	Division des beaux-arts.	1er.
— moins la musique (encôuragemens).	Id.	Id.	1er.

ATTRIBUTIONS.	MINISTÈRES.	DIRECTIONS, ADMINISTRAT^{ons}, DIVISIONS.	BUREAUX.
BEAUX-ARTS (musique), encouragemens.	Intérieur.	Division des beaux-arts.	2e.
— (école des).	Id.	Id.	1er.
— (inspection).	Id.	Id.	
— (ordonnancement des dépenses y rela-tives).	Id.	Division de la comptabilité générale.	2e.
BELLES actions (médailles et récompenses).	Id.	Secrétariat général.	Bau des secours.
BELLES-LETTRES (direct. administrative).	Instr. pub.	3e division.	Bau des sciences et let., 1re sect.
BERGERIES royales. id.	Commerce.	Administration de l'industrie agricole et commerciale.	3e.
— publiques. id.	Id.	Administration de l'industrie agricole.	3e.
BERGES (travaux, surveillance, etc.)	Intérieur.	Direction générale des ponts et chaus-sées, section de la navigation.	2e.
BESTIAUX (dénombrement, amélioration, encouragemens).	Commerce.	Administration de l'industrie agricole.	3e.
— (renseignemens sur le produit et le prix).	Id.	Id.	4e.
BÊTES à laine (dépaissance dans les forêts de l'état).	Finances.	Administration des forêts, 2e division.	Matériel.
BIBLIOTHÈQUE royale (régie administra-tive).	Instr. pub.	3e division.	Bau des sciences et let., 1re sect.

ATTRIBUTIONS.	MINISTÈRES.	DIRECTIONS, ADMINISTRAT^{ons}, DIVISIONS.	BUREAUX.
BIBLIOTHÈQUE royale (dépôt légal des ouvrages de toute espèce publiés à Paris et dans les départemens.)	Intérieur.	Division des beaux-arts.	3e.
— de Sainte-Geneviève (ancien dépôt des livres pour la).	Instr. pub.	3e division.	B^{au} des sciences et let., 1re sect.
— de la guerre.	Guerre.	Dépôt de la guerre.	5e section.
— de la marine.	Marine.	Secrétariat général.	B^{au} des lois.
— de la couronne.	Int. gén. de la liste civile.		
— de tous les ministères.		Id.	
— de la ville de Paris.		Préfecture de la Seine, 3e division.	1er.
BIBLIOTHÈQUES publiques de Paris et des départemens (régie administrative).	Instr. pub.	3e division.	B^{au} des sciences et let., 1re sect.
— des évêchés et séminaires.	Just. et cult.	Division du culte catholique.	2e.
BIENFAISANCE (bureaux de), personnel général.	Intérieur.	Secrétariat général.	Bureau des secours.
— (bureaux de), administration financière, réglemens, etc.	Id.	Administration départementale et communale.	5e.
BIENS départementaux (régie administrative).	Id.	Id.	2e.
— communaux (administration financière).	Id.	Id.	4e.

ATTRIBUTIONS.	MINISTÈRES.	DIRECTIONS, ADMINISTRAT^{ons}, DIVISIONS.	BUREAUX.
BIENS communaux(vente, échange, partage).	Intérieur.	Administration départ. et communale.	3e.
— taxe, mode de jouissance.	Id.	Id.	3e.
— des hospices (administration générale).	Id.	Id.	5e.
— nationaux (Seine) id.		Préfecture de la Seine, 1re division.	3e.
— séquestrés.	Finances.	Administration de l'enregistrement et des domaines.	4e sous-direction.
BIÈRES (droits de fabrication).	Id.	Administration des contributions indirectes.	
BIÈVRE (rivière de), entretien, curage.		Préfecture de police, 1re division.	1er.
— id. (grandes dépenses d'assainissement).	Id.	Préfecture de la Seine, 2e division.	2e.
BIJOUX d'or et d'argent (marque de garantie).		Commission des monnaies.	Bureau de la marque.
— d'or et d'argent (droits de garantie).	Id.	Administration des contributions indirectes.	
— id. (surveillance de la garantie à Paris).		Préfecture de police, 1re division.	1er.
BILLARDS publics (surveillance à Paris).		Préfecture de police, secrétariat général.	2e b^{au}, 1re sect.
BILLETS payables au porteur et à vue (émission par privilége unique).		Banque de France.	

ATTRIBUTIONS.	MINISTÈRES.	DIRECTIONS, ADMINISTRAT[ons], DIVISIONS.	BUREAUX.
BILLETS de la banque de France, (paiemens).		Banque de France.	B[au] des effets au comptant.
— (toutes contestations y relatives).		Tribunaux de commerce.	
BINAGE (indemnités aux curés pour).	Just. et cult.	Division du culte catholique.	3e.
BOIS. (Cantonnemens, échanges, régie administrative).	Finances.	Administration des forêts, 3e division.	Contentieux.
— (ventes, à soumettre au régime forestier, délivrances à la marine, etc., martelage).	Id.	Id. 2e division.	Matériel.
— aliénés (examen des mises à prix).	Id.	Id. 1re division.	Bureau du personnel.
— (réglemens sur le commerce des).	Commerce.	Administration de l'industrie agricole et commerciale.	4e.
— de la couronne.	Int[ce] gén[le] de la liste civile.	Conservation des forêts.	
— communaux (coupes, quarts en réserve).	Intérieur.	Administration départementale et communale.	4e.
— id. (ventes, échange).	Id.	Id.	3e.
— (partage, mode de jouissance).	Id.	Id.	3e.
— (martelage par la marine royale).	Marine.	Direction des ports.	B[au] des approvisionnem. gén[x].

ATTRIBUTIONS.	MINISTÈRES.	DIRECTIONS, ADMINISTRAT^{ons}, DIVISIONS.	BUREAUX.
BOIS particuliers (régie administrative).	Finances.	Administration des forêts, 2e division.	Matériel.
BOIS à brûler et à œuvrer (Seine), chantiers.		Préfecture de police, 2e division.	1er.
— à brûler et à œuvrer (Seine), recensement, mesurage.		Id. 2e division.	1er.
— à brûler et à œuvrer (Seine), personnel des employés.		Id. 2e division.	1er.
BOISSONS (droits sur l'entrée, la circulation).	Id.	Adm. des contributions indirectes.	
— (droits sur le détail et la consommation).	Id.	Id.	
BOISSONS falsifiées (Seine), analyse.		Préfecture de police.	Conseil de salubrité.
— falsifiées (Seine), saisie et destruction.		Id. 2e division.	1er.
BONDY (voirie de), travaux.		Préfecture de la Seine, 2e division.	2e.
— Id. (examen sanitaire).		Préfecture de police.	Conseil de salubrité.
— Id. (surveillance).		Id. 2e division.	4e.
BONNE (possession française du nord de l'Afrique), administration.	Guerre.	Direction des fonds de la comptabilité générale.	B^{au} d'Alger.
BOUCHERIES (réglemens des).	Commerce.	Administration de l'industrie agricole et commerciale.	4e.
— (Seine), exécution des réglemens.		Préfecture de police, 2e division.	1er.
— Id. (syndicat).		Id. 2e division.	1er.

ATTRIBUTIONS.	MINISTÈRES.	DIRECTIONS, ADMINISTRAT^{ons}, DIVISIONS.	BUREAUX.
BOUGIE (possession française du nord de l'Afrique), administration.	Guerre.	Direction des fonds de la comptabilité générale.	B^{au} d'Alger.
BOULANGERIES (réglemens des).	Commerce.	Administration de l'industrie agricole et commerciale.	4e.
— (Seine), assemblée des électeurs.		Préfecture de police, secrétariat général.	1er bureau, 1re section.
— Id. (syndicat, dépôt de garantie).		Id. 2e division.	1er.
— Id. (opposition sur les dépôts de garantie).		Id. comptabilité.	
BOULEVARTS (Seine), travaux.		Préfecture de la Seine. 2e division.	2e.
BOUQUINISTES (autorisation).	Intérieur.	Division des beaux-arts.	3e.
— (surveillance, à Paris).		Préfect. de police, secrétariat général.	2e bureau, 1re section.
BOURBON (colonie), administration.	Marine.	Direction des colonies.	B^{au} de législat. et d'administ.
BOURGEOISIE (droits de).	Intérieur.	Administration départementale et communale.	1er.
BOURSE de Paris (régie commerciale).	Commerce.	Administration de l'industrie agricole et commerciale.	1er.
— (agens de change près la), présentation aux emplois.	Finances.	Adm. centrale, secrétariat particulier.	1re section.

ATTRIBUTIONS.	MINISTÈRES.	DIRECTIONS, ADMINISTRAT^{ons}, DIVISIONS.	BUREAUX.
BOURSE de Paris (entretien, réparation, etc.).		Préfecture de la Seine, 2e division.	3e.
— (surveillance).		Préfecture de police, 2e division.	1er.
BOURSES de commerce (établissement des).	Commerce.	Administration de l'industrie agricole et communale.	1er.
— (nomination, dans les départemens, des agens de change près les).	Id.	Id.	1er.
— (travaux aux bâtimens, dépenses, etc. par les communes).	Intérieur.	Administration départementale et communale.	4e.
BOURSES à l'école polytechnique.	Guerre.	Direct. du personnel et des opérations militaires.	Etats - majors.
— Id.	Marine.	Direction du personnel.	B^{au} des officiers de vaisseaux.
Id.	Intérieur.	Division des beaux-arts.	1er.
— (dans les écoles militaires).	Guerre.	Direct. du personnel et des opérations militaires.	B^{au} des écoles militaires.
— (royales et communales dans les colléges).	Inst. pub.	Première division.	1er.
— id. (Seine).		Préfecture de la Seine, 3e division.	1er.
— (dans les séminaires.	Just. et cult.	Division du culte catholique.	1er.
— (dans les institutions des Sourds-Muets).	Intérieur.	Division des beaux-arts.	4e.
— id. (Seine).		Préfecture de la Seine, 3e division.	1er.
— (à l'institution royale des jeunes aveugles).	Id.	Division des beaux-arts.	4e.

ATTRIBUTIONS.	MINISTÈRES.	DIRECTIONS, ADMINISTRAT°⁰ⁿˢ, DIVISIONS.	BUREAUX.
BOURSES (dans les écoles royales d'Arts-et-Métiers).	Commerce.	Administration de l'industrie agricole et commerciale.	2ᵉ.
— id. (Seine).		Préfecture de la Seine, 3ᵉ division.	1ᵉʳ.
— (dans les écoles royales vétérinaires).	Id.	Administration de l'industrie agricole et commerciale.	3ᵉ.
BOUTIQUES (surveillance de petite voirie), à Paris.		Préfecture de police, 2ᵉ division.	2ᵉ.
BRASSERIES (autorisation pour établissement).	Id.	Administration de l'industrie agricole et commerciale.	4ᵉ.
— (surveillance et exercice).	Finances.	Adm. des contributions indirectes.	
— (surveillance à Paris).		Préfecture de police, 2ᵉ division.	1ᵉʳ.
BREVETS d'invention, d'importation, de perfectionnement (délivrances, taxes, remises, exemptions, etc.).	Commerce.	Adm. de l'ind. agricole et commerciale.	2ᵉ.
— Id. Id. Id. Id. Id. (Seine).		Préfecture de la Seine, secrétariat général.	1ʳᵉ section.
— d'imprimeurs, de libraires, de lithographes (délivrance).	Intérieur.	Division des beaux-arts.	3ᵉ.
— Id. Id. Id. (cession, ventes, etc.).	Id.	Id.	3ᵉ.
BRIGADES des douanes (personnel).	Finances.	Adm. des douanes, 3ᵉ division.	1ᵉʳ.
— (de gendarmerie), Id.	Guerre.	Direct. du personnel et des opérations militaires.	Bᵃᵘ de la gendarmerie.

ATTRIBUTIONS.	MINISTÈRES.	DIRECTIONS, ADMINISTRAT°ⁿˢ, DIVISIONS.	BUREAUX.
BRIGADES de gendarmerie (casernement et literie).	Intérieur.	Administration départementale et communale.	2ᵉ.
— (correspondance de police administrative avec les chefs des).	Id.	Division de la police générale.	1ᶜʳ.
BROCANTEURS (permissions et surveillance, à Paris).		Préfecture de police, 1ʳᵉ division.	1ᶜʳ.
BRUYÈRES (extraction de).	Finances.	Administration des forêts, 3ᵉ division.	Contentieux.
BUDGET général de l'état (préparation).	Id.	Administration centrale, secrétariat particulier.	2ᵉ section.
— Id. Id. (révision, approbation).		Le roi et les chambres.	
BUDGET (dépenses générales payables à Paris).	Finances.	Adm. centrale, trésor public.	Bᵃᵘ du payeur central.
— (dépenses générales, hors Paris, par la voie des payeurs.	Id.	Id.	Caisse centrale
BUDGET des dépenses variables, fixes, ordinaires et extraordinaires des départemens.	Intérieur.	Division de la comptabilité générale.	3ᵉ.
— des dépenses variables, fixes, ordinaires et extraordinaires des communes.	Id.	Id.	3ᵉ.
— des communes (révision, approbation, etc.	Id.	Administration départementale et communale.	4ᵉ.

ATTRIBUTIONS.	MINISTÈRES.	DIRECTIONS, ADMINISTRAT^{ons}, DIVISIONS.	BUREAUX.
BUDGET des hospices, bureaux de bienfaisance, monts-de-piété, etc. (révision, approbation, etc.).	Intérieur.	Administration départementale et communale.	5e.
— du département de la Seine et de la ville de Paris (formation, approbation, etc.)		Préfecture de la Seine, division de la comptabilité.	2e.
— des communes rurales (Seine) (formation, approbation, etc.).		Préfecture de la Seine, 1re division.	1er.
— de la préfecture de police (formation, approbation, etc.).		Préfecture de police, comptabilité.	
BULLES de la cour de Rome (réception, etc.).	Just. et cult.	Division du culte catholique.	1er.
BULLETIN des lois (formation et révision).	Id.	Secrétariat général.	Bau des archiv.
— universitaire (formation).	Instr. pub.	Id.	2e.
BULLETINS d'enregistrement des pièces, lettres, etc., adressées aux ministres, (délivrance aux intéressés dans chaque ministère).		Id.	Bau central.
BUREAU des longitudes.	Id.	Troisième division.	Bau des sciences et let., 1re sect.
BUREAUX de bienfaisance (personnel administratif et médical).	Intérieur.	Secrétariat général.	Bureau des secours.

ATTRIBUTIONS.	MINISTÈRES.	DIRECTIONS, ADMINISTRAT^{ons}, DIVISIONS.	BUREAUX.
BUREAUX de bienfaisance (comptes , budgets, réglemens , acquisitions , legs, dons, ventes, échanges , traités, etc.)	Intérieur.	Administration départementale et communale.	5e.
— de garantie (établissement, surveillance).	Commerce.	Administration de l'industrie agricole et commerciale.	1er.
— de garantie (certificats aux essayeurs).	Finances.	Commission des monnaies.	
— de poste (établissement, suppression).	Id.	Administration des postes , 2e division.	Bau de la correspondce intérre.
— id. (personnel).	Id.	Id 1re division.	Personnel.
— de loterie (établissement, suppression, personnel, etc.).	Id.	Administration centrale, secrétariat particulier.	1re section.
— de tabacs (établissement, suppression, personnel, etc.).	Id.	Administration des contributions indirectes.	
— de papier timbré (établissement, suppression, personnel, etc.).	Id.	Administration centrale, secrétariat particulier.	Id.
— de change de monnaies à Paris (établissement, personnel).	Id.	Id.	Id.
— de change de monnaies dans les départemens (établissement, personnel).	Commerce.	Administration de l'industrie agricole et commerciale.	1er.

B

ATTRIBUTIONS.	MINISTÈRES.	DIRECTIONS, ADMINISTRAT^{ons}, DIVISIONS.	BUREAUX.
BUREAUX formant les divisions des ministères, etc. (répartition du travail, classement, personnel des employés dans chaque ministère).		Secrétariat général.	B^{au} central.
— formant les divisions des ministères, etc. (mobilier, matériel, etc., dans chaque ministère).		Division de la comptabilité générale.	Bureau des comptes.
BUSTES (commande de).	Intérieur.	Division des beaux-arts.	1er.

ATTRIBUTIONS.	MINISTÈRES.	DIRECTIONS, ADMINISTRAT^{ons}, DIVISIONS.	BUREAUX.
CABINETS de lecture (autorisation pour établissement).	Intérieur.	Division des beaux-arts.	3e.
— de lecture (surveillance, département, Seine).		Préfecture de police, secrétariat général.	2e b^{au}, 1re sect.
CABOTAGE.	Finances.	Administration des douanes, 2e division.	1er.
CACHETS—Timbres des autorités départementales et communales (confection et délivrance des).	Intérieur.	Division des beaux-arts.	1er.
— Apposition sur les lettres et dossiers à l'arrivée et au départ (dans tous les ministères, etc.).		Secrétariat général.	B^{au} particulier du secrét. gén.
CADASTRE (régie générale).	Finances.	Direction des contributions indirectes.	2e.
— (du département de la Seine).		Préfecture de la Seine, 4e division.	1er.
CAISSE d'amortissement (surveillance).		(Commission spéciale nommée par le roi).	
— des dépôts et consignations(surveillance).		Id.	
— de Poissy (administration).		Préfecture de la Seine, 1re division.	1er.
CAISSES d'épargne et de prévoyance (autorisation pour établissement, révision des réglemens et statuts).	Commerce.	Administration de l'industrie agricole et commerciale.	1er.
— municipales, des hospices, bureaux de bienfaisance, dépôts de mendicité, etc. (surveillance de la comptabilité des).	Finances.	Administration centrale, direction de la comptabilité générale.	B^{au} d'ordre et de correspond.

ATTRIBUTIONS.	MINISTÈRES.	DIRECTIONS, ADMINISTRAT^{ons}, DIVISIONS.	BUREAUX.
CAISSES municipales (administration).	Intérieur.	Administration départementale et communale.	4e.
— des hospices, bureaux de bienfaisance, etc. (administration).	Id.	Id.	5e.
— des maisons centrales de détention, prisons, dépôts de mendicité, etc. (administration).	Id.	Id.	2e.
CALVINISTE (administration du culte).	Just. et cult.	Division des cultes non catholiques.	B^{au} des cultes non catholiq.
CAMPAGNE (instructions et réglemens sur le service en).	Guerre.	Direction du personnel et des opérations militaires.	B^{au} des opérations milit.
— (gratification d'entrée en).	Id.	Direction de l'administration.	B^{au} de la solde.
CAMPEMENT (personnel et matériel du).	Id.	Id.	B^{au} de l'habillement, etc.
CANAUX de navigation (régie générale).	Intérieur.	Direction générale des ponts et chaussées, section de la navigation.	2e.
— (recouvrement de la taxe).	Finances.	Administration des contributions indirectes.	
— (Gardes des).	Intérieur.	Direction générale des ponts et chaussées, secrétariat général.	Bureau du personnel.
—(correspondance sur les traités d'emprunt pour les).	Id.	Direction générale des ponts-et-chaussées, division de la comptabilité.	

ATTRIBUTIONS.	MINISTÈRES.	DIRECTIONS, ADMINISTRAT^{ons}, DIVISIONS.	BUREAUX.
CANAUX du midi, d'Orléans et de Loing (présidence des assemblées des compagnies des).	G^{de} chanc. de la lég. d'hon.		
— de l'Ourcq, St-Denis, St-Martin (travaux).		Préfecture de la Seine, 2e division.	2e.
— de l'Ourcq, St-Denis, St-Martin (surveillance).		Préfecture de police, 2e division.	3e.
— (compagnie des quatre) régie administrative).	Intérieur.	Direction générale des ponts et chaussées, section de la navigation.	2e.
— d'irrigation.	Id.	Id.	2e.
CANONICATS (présentation de nomination au roi pour les).	Just. et cult.	Division du culte catholique.	1er.
— (du chapitre royal de St-Denis, id.).	Id.	Id.	1er.
CANONNIERS (artilleurs), personnel.	Guerre.	Direction du personnel et des opérations militaires.	B^{au} de l'artillerie.
— Id. Id.	Marine.	Direction du personnel.	B^{au} du personn. de l'artillerie.
CANTINIERS (personnel).	Guerre.	Direction de l'administration	B^{au} de l'intend. militaire.
CANTONNEMENS de bois.	Finances.	Administration des forêts, 3e division.	Contentieux.

ATTRIBUTIONS.	MINISTÈRES.	DIRECTIONS, ADMINISTRAT^{ons}, DIVISIONS.	BUREAUX.
CANTONNEMENS de bois des communes, (proposition, travail y relatif).	Intérieur.	Administration départementale et communale.	3e.
— (militaires).	Guerre.	Direction de l'administration.	B^{au} des transports, etc.
CANTONNIERS des routes (personnel).	Intérieur.	Direction générale des ponts-et-chaussées, secrétariat général.	B^{au} du personnel.
CANTONS (création, délimitation, changement de chefs-lieux, etc.).	Id.	Division des affaires civiles et du sceau.	1er.
CANTONS (nouvelle circonscription , etc. avis de convenance).	Just.et cult.	Administration départementale et communale.	1er.
CARGAISONS de navires du commerce (régie commerciale).	Commerce.	Administration de l'industrie agricole et commerciale.	1er.
— (régie sous le rapport des douanes).	Finances.	Administration des douanes, 2e division.	1er.
CARRIÈRES (régie administrative).	Intérieur.	Direction générale des ponts-et-chaussées, division des mines.	
— dans le département de la Seine et sous Paris (surveillance, travaux).		Préfecture de la Seine, 2e division.	Insp. générale des carrières.
— Id. Id. Id. (dépenses).		Id. 2e division.	4e.
— Id. Id. Id. (surveillance).		Id. de police, 2e division.	2e.
CARTE de France, (travaux qui s'y rapportent sous le rapport de la défense du territoire).	Guerre.	Direction du dépôt de la guerre.	1re section.

ATTRIBUTIONS.	MINISTÈRES.	DIRECTIONS, ADMINISTRAT^{ons}, DIVISIONS.	BUREAUX.
CARTES militaires.	Guerre.	Direction du dépôt de la guerre.	5ᵉ.
— (de la marine et des colonies).	Marine.	Dépôt général des cartes.	
— générales des ponts-et-chaussées (canaux, routes, ponts, etc.).	Intérieur.	Direction générale des ponts-et-chaussées.	Dépôt général.
CARTES (droits de fabrication).	Finances.	Administration des contributions indirectes.	
— (moulage).	Just. et cult.	Imprimerie royale.	Bᵃᵘ du service actif.
— de sûreté (délivrance et visa, à Paris).		Préfecture de police, 1ʳᵉ division.	4ᵉ.
CASERNEMENT (assiette générale, etc.).	Guerre.	Direction du personnel et des opérations militaires.	Bᵃᵘ du génie.
— (frais).	Id.	Direction des fonds de la comptabilité générale.	Bᵃᵘ des fonds.
— (produits d'abonnemens).	Id.	Direction de l'administration.	Bᵃᵘ de la solde.
— (Abonnemens des villes, dépenses).	Intérieur.	Direction départementale communale.	4ᵉ.
— (frais de prélèvemens sur les communes pour frais de).	Finances.	Administration des contributions indirectes.	
CASERNES (établissement, etc.).	Guerre.	Direction du personnel et des opérations militaires.	Bᵃᵘ du génie.
— (dépenses par les communes pour établissement).	Intérieur.	Administration départementale et communale.	4ᵉ.

ATTRIBUTIONS.	MINISTÈRES.	DIRECTIONS, ADMINISTRAT^{ons}, DIVISIONS.	BUREAUX.
CASERNES de Paris (construction, réparations, entretien, etc.).		Préfecture de la Seine, 2e division.	3e.
CATHÉDRALES (construction, réparations, mobilier, etc.).	Just. et cult.	Division du culte catholique.	2e.
CAUTIONNEMENS en rentes et en immeubles (recettes des).	Finances.	Administration centrale, direction du contentieux.	B^{au} de l'agence du trésor pub.
— Id. (Inscriptions des titulaires).	[Id.	Administration centrale, direction de la dette inscrite.	4e.
— Id. (remboursemens, intérêts).	Id.	Administration centrale, direction de la dette inscrite.	4e.
— Id. (oppositions, transports, mainlevées).	[Id.	Administration centrale, trésor public.	B^{au} de l'agence.
— Id. (contrôle et visa des certificats d'inscriptions).	Id.	Id.	Contrôle cent.
— Id. (délivrance de quitus pour retrait).		Cour des comptes.	
— des journaux (exécution des lois et réglemens sur les.)	Intérieur.	Division des beaux-arts.	3e.
CAVALERIE (officiers, soldats, écoles, remonte, etc.).	Guerre.	Division du personnel et des opérations militaires.	B^{au} de cavalerie
CENS électoral (travaux y relatifs).	Intérieur.	Section de l'administration du personnel.	1er.

ATTRIBUTIONS.	MINISTÈRES.	DIRECTIONS, ADMINISTRAT^{ons}, DIVISIONS.	BUREAUX.
CENS électoral (département de la Seine).		Préfecture de la Seine, 1re division.	4e.
CENTIMES facultatifs et extraordinaires vo- tés par les conseil généraux (appro- bation des budgets des).	Intérieur.	Division de la comptabilité générale.	3e.
— (additionnels et extraordinaires des dé- partemens).	Id.	Administration départementale et com- munale.	2e.
— (additionnels et extraordinaires votés par les conseils municipaux).	Id.	Administration départementale et com- munale.	4e.
— Centralisés (des départemens).	Id.	Division de la comptabilité générale.	3e.
CERCLES (réunions), autorisation, surveil- lance).	Id.	Division de la police générale.	1er.
— (réunions), autorisation, surveillance, (Seine).		Préfecture de police, secrétariat général.	2e b^{au}, 1re sect.
CÉRÉMONIAL (diplomatie), tout ce qui s'y rapporte).	Aff. étrang.	Direction politique.	B^{au} du protoc.
CÉRÉMONIES publiques (surveillance, me- sures d'ordre).	Intérieur.	Division de la police générale.	1er.
— publiques (surveillance, à Paris).		Préfecture de police, secrétariat général.	2e b^{au}, 1re sect.
— publiques (dépenses au compte des dé- partemens).	Intérieur.	Administration départementale et com- munale.	2e.

ATTRIBUTIONS.	MINISTÈRES.	DIRECTIONS. ADMINISTRAT^{ons}, DIVISIONS.	BUREAUX.
CÉRÉMONIES publiques, (dépenses au compte des communes).	Intérieur.	Administration départementale et communale.	4e.
— publiques (traités d'entreprises au nom des communes).	Id.	Id.	3e.
— publiques à Paris (conservation et entretien des objets mobiliers servant aux).		Préfecture de la Seine, secrétariat général.	2e section.
— publiques à Paris (direction des fonds votés pour dépenses des).		Id. Id.	Id.
— publiques à Paris (paiement des dépenses).		Préfecture de la Seine, division de la comptabilité.	1er.
CERTIFICATS de moralité à Paris(délivrance des).		Préfecture de police, 1re division.	1er.
— pour remplacemens et enrôlemens (délivrance à Paris).		Préfecture de police, secrétariat général.	2e b^{au}, 2e sect.
— (actes de l'état civil) inscription, délivrance et renvoi (Seine).		Préfecture de la Seine, 1re division.	2e.
CHABLIS (bois abattu par le vent dans les forêts), vente des.	Finances.	Administration des forêts, 2e division.	Matériel.
— (régie des ventes ou partages dans les bois des communes).	Intérieur.	Administration départementale et communale.	3e.

ATTRIBUTIONS.	MINISTÈRES.	DIRECTIONS, ADMINISTRAT^{ons}, DIVISIONS.	BUREAUX.
CHAINES de condamnés aux fers dirigés sur Brest ou Toulon (correspondance y relative, régie générale, réglemens des dépenses, etc.).	Intérieur.	Administration départementale et communale.	2e.
— de condamnés aux fers dirigés sur Brest ou Toulon (surveillance du départ, du ferrement, etc.).		Préfecture de police, 1re division.	3e.
CHAMBRE des pairs (exécution des lois y relatives).	Just. et cult.	Division du personnel.	
— des députés id.	Intérieur.	Section de l'administration du personnel.	1er.
CHAMBRES de commerce (régie administrative).	Commerce.	Administration de l'industrie agricole et commerciale.	1er.
CHANCELLERIE (actes de).	Just. et cult.	Division des affaires civiles et du sceau.	2e.
CHANCELLERIES.	Aff. étrang.	Direction des archives et chancelleries.	B^{au} de la chancellerie.
CHANDELLERIES (autorisation d'établissement de).	Commerce.	Administration de l'industrie agricole et commerciale.	5e.
— id. (Seine).		Préfecture de police, 2e division.	4e.
CHANDERNAGOR (colonie française), administration.	Marine.	Direction des colonies.	Bureau de législation.

ATTRIBUTIONS.	MINISTÈRES.	DIRECTIONS , ADMINISTRAT^{ons}, DIVISIONS.	BUREAUX.
CHANGE (agens de) près la bourse de Paris ; (présentation de nomination aux emplois).	Finances.	Administration centrale, secrétariat particulier.	1re section.
— (agens de) des départemens (nomination aux emplois).	Commerce.	Administration de l'industrie agricole et commerciale.	1er.
— (bureaux de) autorisation d'établissement, surveillance, etc.	Id.	Id.	1er.
CHANT (école de) conservatoire de musique.	Intérieur.	Division des beaux-arts.	2e.
CHANTIERS de constructions navales.	Marine.	Direction des ports.	B^{au} des travaux.
— de bois à brûler et à œuvrer (établissement , surveillance , personnel des employés dans le département de la Seine).		Préfecture de police, 2e division.	1er.
CHAPELLES (érection temporelle, concessions, autorisations pour les particuliers).	Just. et cult.	Division du culte catholique.	3e.
CHAPITRE royal de St-Denis (administration temporelle.	Id.	Id.	3e.
CHAPITRES religieux (établissement, statuts, réglemens, etc.).	Id.	Id.	3e.
CHARBONS (réglemens sur le commerce des).	Commerce.	Administration de l'industrie agricole et commerciale.	1er.

ATTRIBUTIONS.	MINISTÈRES.	DIRECTIONS, ADMINISTRAT^{ons}, DIVISIONS.	BUREAUX.
CHARBONS (recensement et mesurage, personnel des employés, entrepôts, places de vente, etc., dans le département de la Seine.		Préfecture de police, 2e division.	1er.
— (assemblée des électeurs-marchands à Paris).		Préfecture de police, secrétariat général.	1er b^{au}, 1re sect.
CHARCUTIERS (réglemens des).	Commerce.	Administration de l'industrie agricole et commerciale.	1er.
— (surveillance, exécution des réglemens dans le département de la Seine).		Préfecture de police, 2e division.	1er.
CHARENTON (maison royale de) administration, bourses, etc.	Intérieur.	Division des beaux-arts.	4e.
CHARGEMENS (cargaisons de navires de commerce) régie commerciale.	Commerce.	Administration de l'industrie agricole et commerciale.	1er.
— (cargaisons de navires de commerce) régies sous le rapport des douanes.	Finances.	Administration des douanes, 2e division.	1er.
CHARGEMENS pour les départemens et l'étranger (postes).	Id.	Administration des postes, 3e division.	B^{au} des chargemens.
CHARITÉ (bureaux de) régie administrative.		Les commissions administratives des hospices.	
— (dames de), nomination, etc.		Id.	

ATTRIBUTIONS.	MINISTÈRES.	DIRECTIONS, ADMINISTRAT°ⁿˢ, DIVISIONS.	BUREAUX.
CHARITÉ maternelle (sociétés de).	Intérieur.	Division des beaux-arts.	4ᵉ.
CHARLATANISME (répression du).	Id.	Division de la police générale.	1ᵉʳ.
— (répression à Paris).		Préfecture de police.	Cons. de salub.
CHARROIS militaires.	Guerre.	Direction de l'administration.	Bᵃᵘ des convois.
CHARTES (École des).	Instr. publ.	Troisième division.	Bᵃᵘ des sciences et lettres.
CHASSE (approbation des arrêtés des préfets sur l'ouverture et la fermeture de la).	Intérieur.	Administration départementale et communale.	1ᵉʳ.
— (délivrance des permis de port d'armes).	Id.	Division de la police générale.	2ᵉ.
— (taxation, remise et modération d'amendes).	Finances.	Administration des forêts, 3ᵉ division.	Contentieux.
— (poursuites à l'occasion des délits, dans le département de la Seine).		Préfecture de police, 1ʳᵉ division.	3ᵉ.
CHAUX (autorisation pour établissement de fours à).	Commerce.	Administration de l'industrie agricole et commerciale.	5ᵉ.
— autorisation pour établissement de fours à..., dans le département de la Seine).		Préfecture de police, 2ᵉ division.	4ᵉ.
CHAUFFAGE des troupes (marchés).	Guerre.	Direction de l'administration.	Bᵃᵘ des subsistances milit.
CHEFS-LIEUX de département, de cantons, d'arrondissemens (création, changemens, suppression, etc.	Intérieur.	Administration départementale et communale.	1ᵉʳ.

ATTRIBUTIONS.	MINISTÈRES.	DIRECTIONS, ADMINISTRAT^{ons}, DIVISIONS.	BUREAUX.
CHEFS-LIEUX (examen de convenance, sous le rapport de la statistique civile).	Just. et cult.	Division des affaires civiles et du sceau.	1er.
CHEMINS communaux et vicinaux (établissement, travaux, prestations, etc.)	Intérieur.	Administration départementale et communale.	1er.
— (classement parmi les routes départementales).	Id.	Direction générale des ponts-et-chaussées.	Section des routes et ponts.
— de fer.	Id.	Id.	Id.
— de fer (département de la Seine).		Préfecture de la Seine, 2e division.	1er.
— de hallage.	Id.	Direction générale des ponts-et-chaussées, section de la navigation.	2e.
— id. (département de la Seine).		Préfecture de police, 2e division.	1er.
— communaux et vicinaux du département de la Seine.	Id.	Préfecture de la Seine, 2e division.	1er.
CHEVAUX (perfectionnement, multiplication, dénombrement).	Commerce.	Secrétariat général.	B^{au} des haras.
— (inscriptions de race pure, courses, etc.).	Id.	Id.	Id.
— (courses dans le département de la Seine).		Préfecture de la Seine, 3e division.	1er.
— à abattre par mesure de sûreté (recherches dans le département de la Seine).		Préfecture de police, deuxième division.	4e.
— d'officiers (indemnités pour pertes de).	Guerre.	Direction de l'administration.	B^{au} de la solde.

ATTRIBUTIONS.	MINISTÈRES.	DIRECTIONS , ADMINISTRAT^{ons}, DIVISIONS.	BUREAUX.
CHIFFONNIERS ambulans à Paris (permissions, surveillance).		Préfecture de police, 1re division.	1er.
CHIFFONS (avis sur délivrance de permis de dépôt, de transport, etc.).	Commerce.	Administration de l'industrie agricole et commerciale.	5e.
— (délivrance de permis de dépôt, de transport, etc.).	Finances.	Administration des douanes, 2e division.	1er.
CHIOURMES (administration des).	Marine.	Direction des ports.	B^{au} des chiourmes.
CHIRURGIE (régime général).	Instr. publ.	1re division.	2e.
— (prix de perfectionnement).		Académie des sciences.	
CIMETIÈRES (régie générale).	Intérieur.	Administration départementale et com.	4e.
— (du département de la Seine) régie.		Préfecture de la Seine, 1re division.	1er.
— id. (examen sanitaire).		Préfecture de police.	Cons. de salub.
— id. (surveillance).		Préfecture de police, 2e division.	4e.
CIRCONSCRIPTION des départemens, des arrondissemens, des cantons, des communes (démarcation , changemens, etc.).	Id.	Administration départementale et communale.	1er.
— des départemens, des arrondissemens, des cantons, des communes (examen de convenance, sous le rapport de la statistique civile).	Just. et cult.	Division des affaires civiles et du sceau.	1er.

ATTRIBUTIONS.	MINISTÈRES.	DIRECTIONS, ADMINISTRAT°ⁿˢ, DIVISIONS.	BUREAUX.
CIRCONSCRIPTION légale des paroisses.	Just. et cu t.	Division du culte catholique.	3ᵉ.
— territoriales des églises consistoriales et des synagogues.	Id.	Division des cultes non catholiques.	Bᵃᵘ des cultes non catholiq.
— des terrains à Paris.		Préfecture de la Seine, première division.	1ᵉʳ.
CIRCULAIRES (dépôt dans tous les minis-tères).		Secrétariat général.	Bᵃᵘ central.
CLASSES (levées des).	Guerre.	Direction du personnel et des opérations militaires.	Bᵃᵘ du recrute-ment.
— id.	Marine.	Direction du personnel.	Id.
— (levées à Paris).		Préfecture de la Seine, 3ᵉ division.	3ᵉ.
CLERGÉ (États du personnel, etc.)	Just. et cult.	Division du culte catholique..	1ᵉʳ.
— des colonies id.	Id.	Id.	3ᵉ.
CLOTURE des terrains vagues (à Paris).		Préfecture de police, 2ᵉ division.	2ᵉ.
COALITIONS de maîtres ou d'ouvriers (sur-veillance).	Intérieur.	Division de la police générale.	1ᵉʳ.
— de maîtres ou d'ouvriers à Paris (sur-veillance).	Id.	Préfecture de police, 1ʳᵉ division.	1ᵉʳ.
COLLÉGE royal de France.	Instr. publ.	Troisième division.	Bᵃᵘ des sciences et let., 1ʳᵉ sect.
— royal et militaire de Laflèche (admini-stration, bourses, etc.).	Guerre.	Direction du personnel et des opérations militaires.	Bᵃᵘ des écoles militaires.

ATTRIBUTIONS.	MINISTÈRES.	DIRECTIONS , ADMINISTRAT^{ons}, DIVISIONS.	BUREAUX.
COLLÉGE royal et militaire de Laflèche (visa à Paris des certificats pour admission).		Préfecture de la Seine , 3e division.	3e.
— royal et militaire de Laflèche (examen des aspirans à Paris).		Id.	1er.
COLLÉGES royaux et communaux (bourses dans les).	Instr. publ.	Première division.	1er.
— royaux et communaux (fixation des budgets).	Id.	Id.	3e.
— royaux et communaux (nomination à tous les emplois d'administration et d'enseignement).	Id.	Id.	3e.
— royaux et communaux (remises de rétributions).	Id.	Deuxième division.	3e.
— royaux et communaux (exemption de frais d'études, augmentation de traitement des professeurs).	Id.	Id.	3e.
— royaux et communaux (nomination des économes, examen de leurs comptes).	Id.	Id.	3e.
— royaux et communaux (comptabilité et matériel , dégrèvemens).	Id.	Division de la comptabilité générale.	3e.

ATTRIBUTIONS.	MINISTÈRES.	DIRECTIONS, ADMINISTRAT^{ons}, DIVISIONS.	BUREAUX.
COLLÉGES royaux et communaux (bourses dans le département de la Seine).		Préfecture de la Seine, 3ᵉ division.	1ᵉʳ.
— royaux et communaux (construction, entretien, à Paris).		Préfecture de la Seine, 2ᵉ division.	3ᵉ.
— royaux et communaux (surveillance à Paris).		Préfecture de police, secrétariat général.	1ᵉʳ.
— royaux et communaux (engagemens décennaux).	Instr. publ.	Première division.	3ᵉ.
— royaux et communaux (bourses au compte des communes).	Intérieur.	Administration départementale et communale.	4ᵉ.
— royaux et communaux (travaux aux bâtimens, dépenses au compte des communes.	Id.	Id.	4ᵉ.
— électoraux (exécution des lois y relatives).	Id.	Section de l'administration du personnel.	1ᵉʳ.
— électoraux à Paris id.		Préfecture de la Seine, 1ʳᵉ division.	4ᵉ.
— britanniques.	Instr. publ.	Troisième division.	Bᵃᵘ des sciences et let., 1ʳᵉ sect.
COLONIES (conseil des délégués des).	Marine.	Direction des colonies.	
— (justice et police).	Id.	Id.	Bᵃᵘ de législation.

ATTRIBUTIONS.	MINISTÈRES.	DIRECTIONS, ADMINISTRAT^{ons}, DIVISIONS.	BUREAUX.
COLONIES (état civil).	Marine.	Secrétariat général.	B^{au} des chartes et archives.
— (officiers militaires et civils), personnel.	Id.	Direction des colonies.	Bureau du personnel.
— (dépenses).	Id.	Id.	Bureau des finances.
— (défense des).	Id.	Id.	B^{au} des services militaires.
— (clergé).	Just. et cult.	Division du culte catholique.	3e.
COLONS français réfugiés (distribution de secours aux).	Commerce.	Division de la comptabilité générale.	B^{au} des secours.
— français réfugiés (avis sur distribution de secours).	Marine.	Direction des colonies.	Bureau de législation.
COLPORTAGE (surveillance).	Intérieur.	Division de la police générale.	1er.
— (surveillance dans le département de la Seine).		Préfecture de police, 2e division.	1er.
COMBUSTIBLES (régie administrative).	Commerce.	Administration de l'industrie agricole et commerciale.	4e.
— (matériel et agens extérieurs de l'approvisionnement de Paris).	Intérieur.	Direction générale des ponts et chaussées, section de la navigation.	3e.
— (agens de l'approvisionnement de Paris).	Id.	Direction générale des ponts et chaussées, secrétariat général.	Bureau du personnel.

ATTRIBUTIONS.	MINISTÈRES.	DIRECTIONS , ADMINISTRAT^{ons}, DIVISIONS.	BUREAUX.
COMBUSTIBLES (mesures d'urgence pour l'approvisionn^t de Paris, surveillance).		Préfecture de police, 2e division. ,	1er.
COMÉDIENS (direction administrative , se-cours , etc.).	Intérieur.	Division des beaux-arts.	2e.
COMESTIBLES (régie administrative).	Commerce.	Administration de l'industrie agricole et commerciale.	4e.
— approvisionnemens généraux , surveil-lance à Paris).		Préfecture de police, 2e division.	1er.
— corrompus (saisie, destruction à Paris).		Id. Id.	1er.
COMICES agricoles.	Id.	Administration de l'industrie agricole et commerciale.	3e.
COMITÉ des asiles à Paris (statuts , etc.).		Préfecture de la Seine , 3e division.	2e.
— des fortifications.	Guerre.	Direction du personnel et des opérations militaires.	B^{au} du génie.
— de visite des militaires infirmes ou blessés.	Id.	Conseil de santé des armées.	
— pour les impressions gratuites à l'impri-merie royale.	Just. et cult.	Imprimerie royale.	
— consultatif des arts et métiers.	Commerce.	Administration de l'industrie agricole et commerciale.	2e.
— id. de l'artillerie.	Guerre.	Direction du personnel et des opérations militaires.	Bureau de l'ar-tillerie.

ATTRIBUTIONS.	MINISTÈRES	DIRECTIONS , ADMINISTRAT°ⁿˢ, DIVISIONS.	BUREAUX.
COMITÉ consultatif près de la préfecture de la Seine.		Préfecture de la Seine.	
— id. de la liste civile.	Intᵉᵉ génˡᵉ de la liste civ.	Direction des dépenses des bâtimens.	
— de législation et de justice administrative.		Conseil d'état (présidence du garde-des-sceaux).	
— de la guerre et de la marine.		Conseil d'état (présidence des ministres de la guerre ou de la marine).	
— de l'intérieur et du commerce.		Conseil d'état (présidence des ministres de l'intérieur ou du commerce).	
— des finances.		Conseil d'état (présidence du ministre des finances).	1ᵉʳ.
— central d'instruction primaire du département de la Seine.		Préfecture de la Seine , 3ᵉ division.	1ᵉʳ.
COMITÉS consultatifs d'arrondissement.	Intérieur.	Administration départementale et communale.	
— de l'instruction primaire.	Instr. publ.	Première division.	4ᵉ.
— du conseil d'état (répartition des membres dans les).	Just. et cult.	Division du personnel.	1ᵉʳ.
— des travaux historiques.	Instr. publ.	Troisième division.	Bᵃᵘ des sciences et let., 3ᵉ sect.

ATTRIBUTIONS.	MINISTÈRES.	DIRECTIONS, ADMINISTRAT^{ons}, DIVISIONS.	BUREAUX.
COMMERCE (direction administrative).	Commerce.	Administration de l'industrie agricole et commerciale.	1er.
COMMERCE (conseil général et conseil supérieur).	Id.		
— (chambres de.)	Id.	Administration de l'industrie agricole et commerciale.	1er.
— (commissaires, experts et notables).	Id.	Id.	1er.
— (documens statistiques).	Id.	Conseil supérieur du commerce, secrétariat général.	2e.
— (distributions mensuelles, dépenses centrales).	Id.	Division de la comptabilité générale.	B^{au} des opérat. commerciales.
— (ordonnancement des dépenses générales).	Id.	Id.	B^{au} des ordon. et des comptes.
— (questions sur la protection à l'étranger et préparation des traités.	Id.	Conseil supérieur du commerce, secrétariat général.	1er.
— (protection armée à l'étranger).	Marine.	Direction des ports.	Bureau des mouvemens.
— (échange et exécution des traités avec l'étranger et toutes affaires de commerce traitées par voie diplomatique).	Aff. étrang.	Direction commerciale.	
— (questions sur le tarif général, les homologations, etc.).	Commerce.	Conseil supérieur du commerce, secrétariat général.	1er.

ATTRIBUTIONS.	MINISTÈRES.	DIRECTIONS , ADMINISTRAT^{ons}, DIVISIONS.	BUREAUX.
COMMERCE (régie sous le rapport des douanes).	Finances.	Administration des douanes, 2e division.	1er.
— (contraventions au Code du).	Id.	Administration de l'enregistrement et des domaines.	2e sous-direct.
— (prêts en vertu de la loi du 17 octobre 1830).	Id.	Administration centrale, direction du contentieux.	B^{au} de l'agence du trésor pub.
— des colonies (régie administrative).	Marine.	Direction des colonies.	B^{au} commercial, etc.
— des colonies (douanes).	Finances.	Administration des douanes, 2e division.	1er.
— des pays étrangers (appel et centralisation de documens).	Commerce.	Conseil supérieur du commerce, secrétariat général.	3e.
— (tribunaux de), création, renouvellement périodique).	Just. et cult.	Division des affaires civiles et du sceau.	1er.
— (tribunaux de), dépenses pour les bâtimens, le matériel, etc., au compte des communes.	Intérieur.	Administration départementale et communale.	4e.
— (régie administrative, dans le département de la Seine).		Préfecture de la Seine, 3e division.	1er.
— (surveillance dans le département de la Seine).		Préfecture de police, 2e division.	1er.
COMMISSAIRES des guerres (intendans militaires), personnel.	Guerre.	Direction de l'administration.	B^{au} de l'intend. militaire.

ATTRIBUTIONS.	MINISTÈRES.	DIRECTIONS , ADMINISTRAT°ⁿˢ, DIVISIONS.	BUREAUX.
COMMISSAIRES de la marine (personnel).	Marine.	Direction du personnel.	Bᵃᵘ des officiers civils.
— des monnaies (personnel).	Finances.	Administration centrale, secrétariat particulier.	1ʳᵉ section.
— experts près les douanes (personnel).	Commerce.	Administration de l'industrie agricole et commerciale.	1ᵉʳ bureau.
— experts du commerce (personnel).	Id.	Id.	1ᵉʳ.
COMMISSAIRES priseurs (personnel).	Just. et cult.	Division du personnel.	2ᵉ.
— Id. (discipline).		Chambres de discipline des commissaires priseurs.	
COMMISSAIRES-VOYERS.	Intérieur.	Administration départementale et communale.	1ᵉʳ.
— (pour la grande voirie, dans le département de la Seine).		Préfecture de la Seine, 2ᵉ division.	4ᵉ.
— (pour la petite voirie, dans le département de la Seine).		Préfecture de police, 2ᵉ division.	2ᵉ.
COMMISSAIRES vérificateurs des bâtimens et travaux au compte de la ville de Paris.		Préfecture de la Seine , division de la comptabilité.	1ᵉʳ.
COMMISSAIRES des théâtres royaux. •	Intérieur.	Division des beaux-arts.	2ᵉ.
COMMISSAIRES inspecteurs des poids et mesures.	Commerce.	Administration de l'industrie agricole et commerciale.	5ᵉ.

ATTRIBUTIONS.	MINISTÈRES	DIRECTIONS, ADMINISTRAT[ons], DIVISIONS.	BUREAUX.
COMMISSAIRES inspecteurs des poids et mesures, à Paris.		Préfecture de police, 2e division.	1er.
COMMISSAIRES de police (personnel).	Intérieur.	Division de la police générale.	1er.
— de police (pensions, au compte des communes).	Id.	Administration départementale et communale.	4e.
— de police de Paris (présentation des candidats au ministre de l'intérieur, etc.)		Préfecture de police, secrétariat général.	1er b[au], 2e sect.
COMMISSION des antiquités.	Instr. publ.	Troisième division.	B[au] des sciences et let., 1re sect.
— consultative pour les affaires judiciaires des colonies.	Marine.	Direction des colonies.	
— contre la traite des noirs.	Id.	Id.	
— des beaux-arts à Paris (avis sur les travaux d'art aux frais de la ville.)		Préfecture de la Seine, secrétariat général.	
— de législation coloniale.	Id.	Direction des colonies.	
— des voies et moyens (à Paris), avis financiers.		Préfecture de la Seine, secrétariat géral.	
— des pensions (Seine).		Id. Id.	
— permanente près de la préfecture de police.		Préfecture de police, secrétariat général.	
— permanente près de l'académie de médecine.	Instr. publ.	Académie de médecine.	

ATTRIBUTIONS.	MINISTÈRES.	DIRECTIONS, ADMINISTRAT^{ons}, DIVISIONS.	BUREAUX.
COMMISSION pour l'inscription des chevaux.	Commerce.	Secrétariat général.	B^{au} des haras.
— Supérieure de l'établissement des invalides de la marine.	Marine.	Direction de la comptabilité, etc.	
— des monnaies et médailles.	Finances.		
— des phares.	Intérieur.	Direction générale des ponts-et-chaussées.	Section de la navigation.
— de répartition des contributions (Seine).		Préfecture de la Seine, 4e division.	
— mixte des travaux publics.	Guerre.	Direction du personnel, etc.	B^{au} du génie.
— de surveillance près le conservatoire de musique et l'Opéra.	Intérieur.	Division des beaux-arts.	2e.
— de surveillance des bateaux à vapeur (Seine).		Préfecture de police.	
— — dirigeant les impressions orientales et impressions gratuites.	Just. et cult.	Imprimerie royale.	
COMMISSIONS des prisons (personnel).	Intérieur.	Administration départementale et communale.	2e.
— temporaires près de chaque ministère.		Secrétariat général.	B^{au} central.
— rogatoires.	Aff. étrang.	Direction des chancelleries.	B^{au} des chancelleries.

ATTRIBUTIONS.	MINISTÈRES.	DIRECTIONS, ADMINISTRAT^{ons}, DIVISIONS	BUREAUX.
COMMISSIONS administratives des hospices et bureaux de bienfaisance (personnel).	Intérieur.	Secrétariat général.	B^{au} des secours
— administratives des hospices et bureaux de bienfaisance (surveillance et révision des opérations).	Id.	Administration départementale et communale.	5e.
— de surveillance nommées par le roi, près la caisse d'amortissement et la caisse des dépôts et consignations (présentation des candidats).	Finances.	Administration centrale, secrétariat particulier.	1re section.
— littéraires (institut).	Instr. publ.	Troisième division.	B^{au} des sciences et let., 1re sect.
COMMISSIONNAIRES sur la voie publique (permissions et surveillance, à Paris).		Préfecture de police, 1re division.	1er.
— près les théâtres (permissions et surveillance, à Paris).		Préfecture de police, secrétariat général.	1er b^{au} 2e sect.
COMMUNAUTÉS religieuses (autorisation, statuts, etc.).	Just. et cult.	Division du culte catholique.	3e.
— (cultes non catholiques), autorisation, statuts, etc.	Id.	Division des cultes non catholiques.	B^{au} des cultes non catholiq.
COMMUNES (plans d'alignement, circonscription, délimitation, chemins, voirie urbaine).	Intérieur.	Administration départementale et communale.	1er.

ATTRIBUTIONS.	MINISTÈRES.	DIRECTIONS, ADMINISTRAT^{ons}, DIVISIONS.	BUREAUX.
COMMUNES (cours d'eau non navigables, examens des réglemens de police municipale, actes d'administration générale, états de population).	Intérieur.	Administration départementale et communale.	1er bureau.
— (ventes, échanges, partages, traités, expropriations, droits d'usage, mode de jouissance des biens, vaine pâture).	Id.	Id.	3e.
— (dettes anciennes, dessèchement des marais, tourbage, cantonnemens de bois, défrichement, affouages, baux, parcours, transaction, legs, donations, contentieux).	Id.	Id.	3e.
— (administration financière, pesage, mesurage, jaugeage, coupes de bois, octrois, droits de places).	Id.	Id.	4e.
— (amendes de police, crédits, recettes et dépenses générales, réglement et paiement des pensions de retraite des employés des communes, budgets, comptes d'administration).	Id.	Id.	4e.

ATTRIBUTIONS.	MINISTÈRES.	DIRECTIONS, ADMINISTRAT°ⁿˢ, DIVISIONS.	BUREAUX.
COMMUNES (tourbage extraordinaire, emprunts, impositions, acquisitions, constructions, casernement, cimetières).	Intérieur.	Administration départementale et communale.	4e.
— (secours pour construire ou réparer les édifices du culte).	Just. et cult.	Division du culte catholique.	3e.
COMMUTATION de peines.	Just. et cult.	Division des affaires civiles et des graces.	2e.
— id. (troupes).	Guerre.	Direction du personnel et des opérations militaires.	Bᵘ de la justice militaire.
COMPAGNIE des quatre canaux (régie administrative).	Intérieur.	Direction générale des ponts et chaussées, section de la navigation.	2e.
COMPAGNIES industrielles (régie administrative).	Commerce.	Administration de l'industrie agricole et commerciale.	2e.
— d'assurances (régie administrative).	Id.	Id.	1er.
— de discipline (administration).	Guerre.	Direction du personnel et des opérations militaires.	Bᵘ de la justice militaire.
— des vétérans id.	Id.	Id.	Bureau de l'infanterie.
COMPTABLES des deniers publics (inspections générales des caisses des).	Finances.	Administration centrale, secrétariat particulier.	1re section.
— des deniers publics (examen annuel, réception ou rejet des comptes des).		Cour des comptes.	

ATTRIBUTIONS.	MINISTÈRES.	DIRECTIONS, ADMINISTRAT^{ons}, DIVISIONS.	BUREAUX.
COMPTABLES des deniers publics (amendes pour retard dans la reddition de leurs comptes).		Cour des comptes.	
— des deniers publics (vérification de leur gestion dans le département de la Seine).		Préfecture de la Seine, 4e division.	1er.
— (séquestre de leurs biens dans le département de la Seine).		Id. 1re division.	3e.
COMPTES généraux du royaume (préparation).	Finances.	Administration centrale, secrétariat particulier.	2e section.
— généraux du royaume (contentieux).	Id.	Administration centrale, direction du B^{au} central contentieux.	central.
— id. (examen d'approbation ou rejet).		Cour des comptes.	
— généraux du royaume (haute délibération).		Le roi et les chambres.	
— annuels (réglemens d'exercices à présenter aux chambres).	Id.	Administration centrale, direction de la comptabilité générale.	Id.
— courans généraux.	Id.	Administration centrale, direction du mouvement général des fonds.	1er.
— des départemens (exercices passés).	Intérieur.	Division de la comptabilité générale.	3e.

ATTRIBUTIONS.	MINISTÈRES.	DIRECTIONS, ADMINISTRAT^{ons}, DIVISIONS.	BUREAUX.
COMPTES des départemens (exercices courans).	Intérieur.	Administration départementale et communale.	2e.
— id. (ordonnancement, examen, réglement).	Id.	Division de la comptabilité générale.	3e.
— courans des communes (administration).	Id.	Administration départementale et communale.	4e.
— anciens ou litigieux des communes (réglemens par traités, voies judiciaires, etc.).	Id.	Id.	3e.
— des hospices (régie administrative).	Id.	Id.	5e.
— généraux de la guerre (réglemens, etc.).	Guerre.	Direction des fonds de la comptabilité générale.	Bureau des fonds.
— id. de la marine id.	Marine.	Direction de la comptabilité des fonds.	B^{au} des comptes et budgets.
— id. de chaque ministère (réglemens, etc.).		Division de la comptabilité générale.	Id.
— généraux du département de la Seine (réglemens, etc.).		Préfecture de la Seine, division de la comptabilité générale.	3e.
— généraux de la préfecture de police (réglemens, etc.).		Préfecture de police, division de la comptabilité générale.	
COMPTOIRS d'escompte (autorisation d'établissement).	Commerce.	Administration de l'industrie agricole et commerciale.	1er.

ATTRIBUTIONS.	MINISTÈRES.	DIRECTIONS, ADMINISTRAT^{ons}, DIVISIONS.	BUREAUX.
COMPTOIRS d'escompte (avis sur leur établissement).	Finances.	Administration centrale, secrétariat particulier.	1re section.
— français à l'étranger (protection armée).	Marine.	Direction des ports.	B^{au} des mouvemens.
— id. (correspondance diplomatique y relative).	Aff. étrang.	Direction commerciale.	
— français à l'étranger (régime administratif commercial).	Commerce.	Administration de l'industrie agricole et commerciale.	1er.
CONCERTS publics (autorisations).	Intérieur.	Division des beaux-arts.	2e.
— id. à Paris (permissions et surveillance).		Préfecture de police, 1re division.	1er.
CONCOURS dans les facultés (exécution des réglemens).	Instr. publ.	Première division.	2e.
CONDAMNÉS aux travaux forcés (régime dans les bagnes).	Marine.	Direction des ports.	B^{au} des chiourmes.
— aux travaux forcés (chaînes de départ pour les bagnes).	Intérieur.	Administration départementale et communale.	2e.
— aux travaux publics et au boulet (troupes), administration.	Guerre.	Direction du personnel et des opérations militaires.	B^{au} de la justice militaire.
— aux travaux publics (troupes), direction des travaux).	Intérieur.	Direction générale des ponts-et-chaussées.	Section des routes et ponts.

ATTRIBUTIONS.	MINISTÈRES.	DIRECTIONS, ADMINISTRAT^{ons}, DIVISIONS.	BUREAUX.
CONDAMNÉS civils (transfèrement, convois).	Intérieur.	Administration départementale et communale.	2e.
— civils (désignation des lieux de détention, renvoi d'une localité dans une autre sur demandes motivées).	Id.	Id.	2e.
— militaires (transfèrement, convois).	Guerre.	Direction de l'administration.	Bureau des convois.
— politiques sous la restauration (indemnités, allocation aux).	Intérieur.	Secrétariat général.	B^{au} du secrétariat général.
— (mise en apprentissage des jeunes).	Id.	Administration départementale et communale.	2e.
— libérés (surveillance légale, établissement de résidence, paiement des masses à domicile, bans, recherches, etc.).	Id.	Division de la police générale.	1er.
— libérés (surveillance légale, établissement de résidence, paiement des masses à domicile, bans, recherches à Paris).		Préfecture de police, 1re division.	1er.
— libérés (paiement des masses à Paris).		Id. comptabilité.	Caisse.
— évadés (recherches dans le département de la Seine).		Id. 1re division.	1er.

ATTRIBUTIONS.	MINISTÈRES.	DIRECTIONS. ADMINISTRAT^{ons}, DIVISIONS.	BUREAUX.
CONDUCTEURS des travaux publics (personnel).	Intérieur.	Direction générale des ponts et chaussées, secrétariat général.	Bureau du personnel.
— des malles-postes (personnel).	Finances.	Administration des postes, 1re division.	Id.
CONFESSION d'Augsbourg (direction administrative).	Just. et cult.	Division des cultes non catholiques.	B^{au} des cultes non catholiq.
— helvétique (direction administrative).	Id.	Id.	Id.
CONFLITS de juridiction entre l'autorité judiciaire et l'autorité administrative (décision sur).		Conseil d'état.	Comité de législation.
— à soutenir dans l'intérêt des départemens.	Intérieur.	Administration départementale et communale.	2e.
— à soutenir dans l'intérêt des communes.	Id.	Id.	3e.
CONGÉ illimité (traitement temporaire).	Guerre.	Direction de l'administration.	B^{au} de la solde.
— (traitement d'après la loi du 19 mai 1834).	Id.	Id.	Id.
CONGÉS (délivrance des).	Id.	Direction du personnel et des opérations militaires.	B^{au} du recrutement.
— Id.	Marine.	Direction du personnel.	Id.
— militaires (visa à Paris).		Préfecture de police, 1re division.	4e.
— aux chefs et employés (dans chaque ministère).		Secrétariat général.	B^{au} central.

ATTRIBUTIONS.	MINISTÈRES.	DIRECTIONS, ADMINISTRAT°ⁿˢ, DIVISIONS.	BUREAUX.
CONGRÉGATIONS religieuses (autorisations, statuts, réglemens, etc.).	Just. et cult.	Division du culte catholique.	3ᵉ.
— non catholiques (autorisations, statuts, réglemens, etc.).	Id.	Division des cultes non catholiques.	Bᵃᵘ des cultes non catholiq.
CONSEIL du roi (travail pour le), dans chaque ministère.		Secrétariat général.	Bᵃᵘ central.
— des ministres (travaux particuliers y relatifs), dans chaque ministère.		Cabinet particulier du ministre.	
— d'agriculture.	Commerce.	Administration de l'industrie agricole et commerciale.	3ᵉ.
— d'amirauté.	Marine.	Direction du personnel.	
— des travaux de la marine.	Id.	Id.	
— des bâtimens civils.	Intérieur.	Direction des bâtimens et monumens publics.	
— des délégués des colonies.	Marine.	Direction des colonies.	
— d'état (réunion du travail pour le) dans chaque ministère.		Secrétariat général.	Bᵃᵘ central.
— d'état (suite des affaires et plaidoiries devant le).		Ordre des avocats aux conseils du roi et à la cour de cassation.	
— d'état (présentation des candidats à la nomination du roi).	Just. et cult.	Division du personnel.	1ᵉʳ.

ATTRIBUTIONS.	MINISTÈRES.	DIRECTIONS, ADMINISTRAT^{ons}, DIVISIONS.	BUREAUX.
CONSEIL d'état (personnel général).	Just. et cult.	Division du personnel.	1er.
— d'état (répartition dans les comités).	Id.	Id.	1er.
— des travaux publics (Seine).		Préfecture de la Seine, 2e division.	3e.
— général et municipal (Seine). Convocation.		Préfecture de la Seine, secrétariat général.	1re section.
— général et municipal (Seine), exécution de la loi sur l'élection.		Préfecture de la Seine, 1re division.	4e.
— spécial des prisons de la Seine.		Id.	
— près la préfect. de police (convocation).		Préfecture de police, secrétariat général.	1er b^{au}, 1re sect.
— de perfectionnement des arts et métiers.	Commerce.	Administration de l'industrie agricole et commerciale.	2e.
— de salubrité (à Paris).		Préfecture de police.	
— de santé des armées.	Guerre.	Direction de l'administration.	B^{au} des hôpit.
— des prises.	Marine.	Direction de la comptabilité.	B^{au} des prises.
— des prises (contentieux).		Conseil d'état.	Comité de législation, etc.
— académique de Paris.		Académie de Paris.	
— d'escompte de la banque de France.		Banque de France.	
— général des manufactures.	Commerce.	Administration de l'industrie agricole et commerciale.	2e.
— général des mines.	Intérieur.	Direct. générale des ponts-et-chaussées, division des mines.	

ATTRIBUTIONS.	MINISTÈRES.	DIRECTIONS, ADMINISTRAT°ⁿˢ, DIVISIONS.	BUREAUX.
CONSEIL général des ponts-et-chaussées.	Intérieur.	Direction générale des ponts-et-chaussées.	
— royal de l'instruction publique.	Instr. publ.		
— supérieur du commerce.	Commerce.		
— supérieur de santé.	Id.		
CONSEILS d'escompte.	Id.	Administration de l'industrie agricole et commerciale.	1ᵉʳ.
— généraux de département (régie administrative).	Intérieur.	Section de l'administration du personnel.	1ᵉʳ.
— généraux de département (réunion de la première partie des votes).	Id.	Administration départ. et communale.	2ᵉ.
— généraux de dép.(réunion de la deuxième partie des votes, et analyse générale).	Id.	Id.	1ᵉʳ.
— généraux de département (discussions sur l'emploi des fonds votés par les).	Id.	Administration départementale et communale.	2ᵉ.
— de préfecture.	Id.	Cabinet particulier du ministre.	Bᵃᵘ du personn.
— d'arrondissement.	Id.	Section de l'administrat. du personnel.	1ᵉʳ.
— municipaux.	Id.	Id.	Id.
— de révision.	Guerre.	Direct. du personnel et des opérations militaires.	Bᵃᵘ du recrut.
— municipaux (Seine).		Préfect. de la Seine, 1ʳᵉ division.	2ᵉ.
— académiques (travaux sur l'organisation).	Instr. pub.	Première division.	1ᵉʳ.

ATTRIBUTIONS.	MINISTÈRES.	DIRECTIONS, ADMINISTRAT^{ons}, DIVISIONS.	BUREAUX.
CONSEILS des prud'hommes.	Commerce.	Administration de l'industrie agricole et commerciale.	1er.
— de guerre.	Guerre.	Direction du personnel et des opérations militaires.	B^{au} de la justice militaire.
— de discipline (guerre).	Id.	Direction du personnel et des opérations militaires.	Id.
— de discipline (garde nationale).	Intérieur.	Sous-secrétariat d'état.	B^{au} des gardes nationales.
— d'administration (id.).	Id.	Id.	B^{au} des gardes nationales.
CONSERVATEURS-administrateurs des bibliothèques (personnel).	Instr. pub.	Troisième division.	B^{au} des sciences et let., 1re sect.
— des hypothèques (personnel).	Finances.	Administration de l'enregistrement et des domaines.	B^{au} particul. du direct. général.
— municipaux et d'arrondissement des communes rurales (Seine).		Préfecture de la Seine, 1re division.	1er.
CONSERVATOIRE de musique (régie administrative).	Intérieur.	Division des beaux-arts.	2e.
— (commission de surveillance).	Id.	Id.	2e.
— des arts et métiers (régie administrative.)	Commerce.	Administration de l'industrie agricole et commerciale.	2e.

ATTRIBUTIONS.	MINISTÈRES.	DIRECTIONS, ADMINISTRAT°ⁿˢ, DIVISIONS.	BUREAUX.
CONSERVATION des archives générales.	Intérieur.	Archives du royaume.	
— des archives (dans chaque ministère).		Secrétariat général.	Bᵃᵘ des archives
— des monumens anciens.	Id.	Division des beaux-arts.	1ᵉʳ.
— Id. publics.	Id.	Id.	1ᵉʳ.
— des édifices (à Paris).		Préfecture de police, 2ᵉ division.	2ᵉ.
— des hypothèques.	Finances.	Administration de l'enregistrement et des domaines.	3ᵉ sous-direct.
CONSIGNATIONS judiciaires générales.		Caisse des dépôts et consignations.	
— (caisse des dépôts et) présentation des candidats à la nomination du roi pour la commission de surveillance.	Id.	Administration centrale, secrétariat particulier.	1ʳᵉ section.
CONSISTOIRES des israélites et protestans (régie administrative).	Just. et cult.	Division des cultes non catholiques.	Bᵃᵘ des cultes non catholiq.
CONSTRUCTIONS départementales (régie administrative).	Intérieur.	Administration départementale et communale.	2ᵉ.
— communales et du culte paroissial (régie administrative).	Id.	Id.	4ᵉ.
— des hospices (régie administrative).	Id.	Id.	5ᵉ.
CONSTRUCTIONS (bâtimens de la guerre, casernes, etc.).	Guerre.	Direction du personnel et des opérations militaires.	Bᵃᵘ du génie.
— de la marine.	Marine.	Direction des ports.	Bureau des travaux.

C

ATTRIBUTIONS.	MINISTÈRES.	DIRECTIONS, ADMINISTRAT^{ons}, DIVISIONS.	BUREAUX.
CONSTRUCTIONS navales (toute-espèce de bâtimens flottans).	Marine.	Direction des ports.	Bureau des travaux.
— par les particuliers sur les terrains bordant les routes royales et départementales (régie administrative).	Intérieur.	Direction générale des ponts et chaussées.	Section des routes et ponts.
— dans les villes (alignement, permissions, contraventions).	Id.	Administration départementale et communale.	1er.
— à Paris (alignement, permissions, contraventions, etc.).		Préfecture de la Seine, 2e division.	4e.
— communales à Paris, et des communes rurales du département de la Seine.		Préfecture de la Seine, 1re division.	1er.
— publiques à Paris (surveillance sous le rapport de la sûreté publique).		Préfecture de police, 2e division.	2e.
CONSULS généraux, consuls et vice-consuls (présentation à la nomination du roi, commissions, etc.).	Aff. étrang.	Direction politique.	Bureau du protocole.
— généraux étrangers (*exequatur*).	Id.	Id.	Id.
— français (examen des comptes).	Marine.	Direction des colonies.	Bureau des colonies.
CONSULTATIONS gratuites médicales, à Paris).		Administration des hospices.	
— gratuites médicales, à Paris.		Société médico-philanthropique.	

ATTRIBUTIONS.	MINISTÈRES.	DIRECTIONS, ADMINISTRAT^{ons}, DIVISIONS.	BUREAUX.
CONTENTIEUX des finances générales.	Finances.	Administration centrale, direction du contentieux.	B^{au} central.
— de la guerre.		Conseil d'état.	Comité de la guerre.
— de la marine.		Id.	Comité de la marine.
— du domaine militaire.	Guerre.	Direct. du personnel et des opérations militaires.	B^{au} du génie.
— des comptes arriérés des départemens.	Intérieur.	Division de la comptabilité générale.	3e.
— de l'administration départementale et communale (décisions).		Conseil d'état.	Comité de législation, etc.
— de l'administration départementale (correspondance, travaux, suite).	Id.	Administration départementale et communale.	2e.
— des communes (correspondance, travaux , suite).	Id.	Id.	3e.
— des hospices (correspondance, travaux, suite).	Id.	Id.	5e.
— du conseil des prises.		Conseil d'état.	Comité de législation.
— d'attributions (dans chaque ministère).		Id.	Comité compétent.
— intéressant l'état (poursuite à Paris).		Préfecture de la Seine, 1re division.	3e.

ATTRIBUTIONS.	MINISTÈRES.	DIRECTIONS, ADMINISTRAT^{ons}, DIVISIONS.	BUREAUX.
CONTRAINTES (agens de l'administration dans le département de la Seine).		Préfecture de la Seine, 4e division.	1er.
CONTRAVENTIONS de simple police, à Paris (connaissance des).		Tribunal de police municipale.	
— intéressant les particuliers et entre eux (connaissance des).		Justices de paix.	
CONTREBANDE (police administrative, exécution des lois et réglemens contre la).	Finances.	Administration des douanes, troisième division.	1er.
— (surveillance, etc., à Paris).		Octroi de Paris.	
— (répression) à Paris.		Chambre de commerce.	
CONTREFAÇONS (industrie générale).	Commerce.	Administration de l'industrie agricole et commerciale.	2e.
— en fait de librairie (constatation).	Intérieur.	Division des beaux-arts.	3e.
CONTRESEING (dans chaque ministère).		Secrétariat général.	B^{au} central.
CONTRIBUTIONS directes (personnel des agens supérieurs).	Finances.	Administration centrale, secrétariat particulier.	1re section.
— directes (personnel des agens inférieurs).	Id.	Direction des contributions directes.	4e.
— directes (assiette, instructions y relatives).	Id.	Id.	3e.

ATTRIBUTIONS.	MINISTÈRES.	DIRECTIONS, ADMINISTRAT°ⁿˢ, DIVISIONS.	BUREAUX.
CONTRIBUTIONS directes (mutations, ré-clamations).	Finances.	Direction des contributions directes.	3ᵉ.
— id. (répartition).	Id.	Id.	1ᵉʳ.
— id. (dépouillement du montant des rôles).	Id.	Id.	4ᵉ.
— directes (poursuites, correspondance).	Id.	Administration centrale, direction de la comptabilité générale.	Bᵃᵘ d'ordre et de correspond.
— id. (contentieux).	Id.	Direction des contributions directes.	3ᵉ Bᵃᵘ.
— générales (contentieux, décisions géné-rales).	Id.	Administration commerciale, secrétariat général.	3ᵉ bᵃᵘ, 2ᵉ sect.
— directes de la Seine (assiette, conten-tieux).	Id.	Direction des contributions directes de la Seine.	1ʳᵉ division.
— directes de la Seine (cadastre).	Id.	Id.	2ᵉ id.
— id. (décharges, remises).	Id.	Id.	3ᵉ id.
— id. (tenue des livres, ren-seignemens aux contribuables, etc.).	Id.	Id.	4ᵉ id.
— directes de la Seine (personnel des agens, non valeurs, etc.).		Préfecture de la Seine, 4ᵉ division.	1ᵉʳ.
— à Paris (assiette, répartition).		Id. Id.	1ᵉʳ.
— id. (recouvrement des rôles, plain-tes, poursuites).		Id. Id.	1ᵉʳ.

C

ATTRIBUTIONS.	MINISTÈRES.	DIRECTIONS, ADMINISTRAT^{ons}, DIVISIONS.	BUREAUX.
CONTRIBUTIONS à Paris (décharges, remises, non valeurs, modérations).		Préfecture de la Seine, 4e division.	2e.
— à Paris (dépouillement par extraits, calcul du cens de chacun).		Id. 1re division.	4e.
— à Paris (contrôles aux recettes).		Id. 4e division.	1er.
— indirectes (assiette, répartition, etc.).	Finances.	Admin. des contributions indirectes.	1er.
— id. (personnel des agens supérieurs).	Id.	Administration centrale, secrétariat particulier.	1re section.
— indirectes (suite des affaires).	Id.	Administration centrale, secrétariat général.	3e.
— id. (personnel des agens inférieurs).	Id.	Administration des contributions indirectes.	Bureau du personnel.
CONVENTIONS politiques.	Aff. étrang.	Direction politique.	Bureau du protocole.
— avec les offices étrangers (postes).	Finances.	Administration des postes, 2e division.	Bau de la correspondance.
CONVOCATION (lettres de) pour les membres de la chambre des pairs.	Just. et cult.	Secrétariat général.	
— (lettres de) pour les membres de la chambre des députés.	Intérieur.	Section de l'administration du personnel.	1er.
CONVOIS funèbres (entreprises par traités).	Intérieur.	Administration départementale et communale.	3e.

ATTRIBUTIONS.	MINISTÈRES.	DIRECTIONS, ADMINISTRAT^{ons}, DIVISIONS.	BUREAUX.
CONVOIS funèbres à Paris (régie, commissaires chargés de la conduite, etc.).		Préfecture de la Seine, 1re division.	1er.
— des détenus civils à transférer.	Intérieur.	Administration départementale et communale.	2e.
— militaires.	Guerre.	Direction de l'administration.	B^{au} des convois.
CORAIL (pêche du) sur les côtes d'Afrique.	Commerce.	Administration de l'industrie agricole et commerciale.	2e.
CORPS-DE-GARDE (établissement, occupation, etc.).	Guerre.	Direct. du personnel et des opérations militaires.	B^{au} des opérat. militaires.
— (établissement à Paris).		Préfecture de police, secrétariat général.	2e bureau, 2e section.
— (dépenses au compte des communes).	Intérieur.	Administration départementale et communale.	4e.
CORRECTION (maisons de), administration, personnel, etc.).	Id.	Id.	2e.
CORRESPONDANCE à l'arrivée et au départ (franchise, contre-seing, etc., enregistrement à l'arrivée dans chaque ministère).		Secrétariat général.	B^{au} central.
CÔTES (munition et armement).	Guerre.	Direction du personnel et des opérations militaires.	B^{au} de l'artiller.

ATTRIBUTIONS.	MINISTÈRES.	DIRECTIONS, ADMINISTRAT°ⁿˢ, DIVISIONS.	BUREAUX.
COTES (travaux des).	Intérieur.	Direction générale des ponts-et-chaussées, section de la navigation.	1ᵉʳ bureau.
COUPES (ordinaires et extraordinaires, dans les bois de l'état) détails, assiette.	Finances.	Administration des forêts, 2ᵉ division.	Matériel.
— dans les bois de l'état (balivage, martelage, etc.).	Id.	Id.	Id.
— dans les bois communaux, etc. (autorisations).	Id.	Id.	Id.
— dans les bois communaux (ventes).	Intérieur.	Administration départementale et communale.	3ᵉ.
— Id. (encaissement des produits).	Id.	Id.	4ᵉ.
COUR de cassation (présentation des candidats pour nomination des membres).	Just. et cult.	Division du personnel.	1ᵉʳ.
— (renvoi des arrêts de la).	Id.	Divis. des aff. criminelles et des graces.	2ᵉ.
— de Rome (bulles, brefs et rescrits).	Id.	Division du culte catholique.	1ᵉʳ.
— des comptes (présentation des candidats aux emplois).	Finances.	Administration centrale, secrétariat particulier.	1ʳᵉ section.
COURRIERS politiques (expédition des).	Aff. étrang.	Direction politique.	Bureau du protocole.
— ordinaires (id.).	Finances.	Administration des postes, 3ᵉ division.	Bᵘ du départ et de l'arrivée.

C

ATTRIBUTIONS.	MINISTÈRES.	DIRECTIONS, ADMINISTRAT^{ons}, DIVISIONS.	BUREAUX.
COURRIERS ordinaires (coïncidence des).	Finances.	Administration des postes , 2e division.	B^{au} de la correspondance int.
COURS d'eau navigables et flottables (classification des.)	Id.	Administration des forêts, 3e division.	Contentieux.
— d'eau navigables (régie administrative).	Intérieur.	Dir^{on} générale des ponts-et-chaussées, section de la navigation.	2e.
— non navigables (id).	Id.	Administration départementale et communale.	1er.
— d'eau (usines, moulins sur les).	Id.	Direction générale des ponts-et-chaussées , section de la navigation.	2e.
— d'antiquités.	Inst. pub.	Troisième division.	B^{au} des sciences et let., 1re sect.
— d'archéologie.	Id.	Id.	Id.
— du collége de France.	Id.	Id.	Id.
— de langues.	Id.	Id.	Id.
— normal primaire de Paris.		Préfecture de la Seine, 3e division.	1er.
— Id. (de chaque localité).	Instr. pub.	Première division.	2e.
— des facultés (autorisation).	Id.	Id.	Id.
— d'instruction secondaire.	Id.	Id.	3e.
— industriels et commerciaux.	Id.	Id.	3e.

ATTRIBUTIONS.	MINISTÈRES.	DIRECTIONS, ADMINISTRAT^{ons}, DIVISIONS.	BUREAUX.
COURS d'accouchement.	Instr. publ.	Troisième division.	B^{au} des sciences et lettres 2e sect.
— royales (personnel).	Just. et cult.	Division du personnel.	1er.
— royales (bâtimens, mobilier, dépenses, etc.).	Intérieur.	Administration départementale et communale.	2e.
— royales (censure et discipline).		Cour de cassation,	
— et tribunaux (recueil des jugemens et arrêts).	Just. et cult.	Secrétariat général.	B^{au} des archives 3e section.
— et trib. (recueil des jug. pour la police administrative du dép. de la Seine).		Préfecture de police, 1re division.	1er bureau.
— d'assises (choix des magistrats).	Id.	Division du personnel.	Id.
COURSES de chevaux (régie générale).	Commerce.	Secrétariat général.	B^{au} des haras.
— à Paris.		Préfecture de la Seine, 3e division.	1er.
COURTAGE (fixation des droits).	Id.	Administration de l'industrie agricole et commerciale.	1er.
COURTIERS (présentation des candidats à la nomination du roi).	Id.	Id.	1er.
— à Paris (inscriptions des candidats, surveillance, etc.).		Préfecture de la Seine, 3e division.	1er.
COUVENTS ou communautés religieuses (autorisation, statuts, personnel, etc.).	Justice et cultes.	Division du culte catholique.	3e.

ATTRIBUTIONS.	MINISTÈRES.	DIRECTIONS, ADMINISTRAT^{ons}, DIVISIONS.	BUREAUX.
CRÉANCE (lettres de).	Aff. étrang.	Direction politique.	Bureau du protocole.
CRÉDITS départementaux (demandes de).	Intérieur.	Administration départementale et communale.	2e.
— Id. (allocation).	Id.	Division de la comptabilité générale.	3e.
— Id. (usage).	Id.	Administration départ. et communale.	2e.
— Id. (paiement).	Finances.	Direction du mouvement général des fonds.	Id.
— des communes.	Intérieur.	Administration départementale et communale.	4e.
— des hospices.	Id.	Id.	5e.
— législatifs.	Just. et cult.	Division de la comptabilité générale.	1er.
— de tous les ministères.		Id.	B^{au} de la comptabilité génér.
— aux particuliers, moyennant hypothèques.		Caisse hypothécaire.	
— aux particuliers, moyennant caution.		Banque de France.	
— pour le département de la Seine.		Préfecture de la Seine, division de la comptabilité générale.	2e.
— pour la préfecture de police.		Préfecture de police, comptabilité.	Caisse.
CRIEURS publics, à Paris (autorisation, surveillance, etc.).		Préfect. de police, secrétariat général.	2e B^{au}, 1re sect.

ATTRIBUTIONS.	MINISTÈRES.	DIRECTIONS, ADMINISTRAT^{ons}, DIVISIONS.	BUREAUX.
CRIMES (poursuite des).	Just. et cult.	Div. des aff. criminelles et des graces.	1er bureau.
— (recherches à Paris et dans le département de la Seine).		Préfecture de police, 1re division.	1er.
CROULT (curage de la rivière de).		Préfecture de police, 2e division.	1er.
CULTE catholique (administration temporelle).	Just. et cult.	Division du culte catholique.	1er.
— paroissial (dépenses).	Id.	Id.	3e.
— non catholique (régie administrative).	Id.	Division des cultes non catholiques.	Bau des cultes non catholique
— (distribution mensuelle de fonds, crédits, comptes, pensions).	Id.	Division de la comptabilité.	1er bureau.
— (vérification des comptes, écritures centrales, etc.).	Id.	Id.	2e.
— admin., dépenses du dépt. de la Seine.		Préfecture de la Seine, 3e division.	1er.
CULTURE propre à chaque département (renseignemens).	Commerce.	Administration de l'industrie agricole et commerciale.	3e.
CULTURES étrangères (introduction des).	Id.	Id.	3e.
CURAGE des rivières navigables ou non navigables.	Intérieur.	Direction générale des ponts-et-chaussées, section de la navigation.	2e.
— des cours d'eau.	Id.	Administration départementale et communale.	1er.

ATTRIBUTIONS.	MINISTÈRES.	DIRECTIONS, ADMINISTRAT.ons, DIVISIONS.	BUREAUX.
CURAGE des rivières de Bièvre, Croult et Rouillon.		Préfecture de police, 2e division.	1er.
CURES (érection temporelle).	Just. et cult.	Division du culte catholique.	3e.
— (présentation au roi pour nomination aux).	Id.	Id.	1er.
CURÉS (promotions, mouvemens, etc.).	Id.	Id.	1er.

ATTRIBUTIONS.	MINISTÈRES.	DIRECTIONS, ADMINISTRAT^{ons}, DIVISIONS.	BUREAUX.
DAMES de charité (nomination).		Les commissions administratives des bureaux de bienfaisance.	
DÉBACLES (travaux contre les accidens, etc.)	Intérieur.	Direction générale des ponts-et-chaussées, section de la navigation.	2e.
— (travaux à Paris).		Préfecture de police, 2e division.	1er.
DÉBETS de régie.	Finances.	Administration de l'enregistrement et des domaines.	1re sous-direct.
— des anciens comptables des monnaies, des économats (poursuites).	Id.	Adm. centrale, direct. du contentieux.	Bau de l'agence du trésor pub., 1re section.
— des finances, domaines, bois, receveurs, payeurs, percepteurs, (poursuites).	Id.	Id.	Id.
— des garde-magasins, fournisseurs, comptables, des postes, de la marine (poursuites).	Id.	Id.	Bau de l'agence du trésor pub., 2e section.
— des agens des subsistances militaires, des fourrages, hôpitaux (poursuites).	Id.	Id.	Bau de l'agence du trésor pub., 3e section.
— des officiers et sous-officiers (poursuites).	Id.	Id.	Id.
DÉBITEURS de l'état (main-levée des inscriptions hypothécaires, à Paris).		Préfecture de police, 1re division.	3e.

ATTRIBUTIONS.	MINISTÈRES	DIRECTIONS, ADMINISTRAT°ⁿˢ, DIVISIONS.	BUREAUX.
DÉBORDEMENS (travaux de sûreté, etc.).	Intérieur.	Direct. générale des ponts-et-chaussées, section de la navigation.	2ᵉ.
— à Paris (Id.)		Préfecture de police, 2ᵉ division.	1ᵉʳ.
DÉCES (relevé général sur les états de population).	Intérieur.	Administration départementale et communale.	1ᵉʳ.
— (relevé pour Paris).		Préfecture de police, 2ᵉ division.	4ᵉ.
DÉCLAMATIONS (école de) au conservatoire royal de musique.	Intérieur.	Division des beaux-arts.	2ᵉ.
DÉCORATIONS (tous ordres honorifiques) direction administrative.	Gᵈᵉ chancel. lég. d'Honn.	Première division.	Bᵃᵘ des décorations.
— (légion-d'honneur), propositions, dans chaque ministère.		Secrétariat général.	Bᵃᵘ central.
— (légion-d'honneur), propositions pour la garde nationale.	Intérieur.	Sous-secrétariat d'état.	Bᵃᵘ des gardes nationales.
DÉCOUVERTES utiles (récompenses demandées pour les auteurs).	Ministère compétent.	Secrétariat général.	Bᵃᵘ central.
— utiles (prix).		Académie des sciences.	
DÉFRICHEMENT de bois de l'état.	Finances.	Administration des forêts, 2ᵉ division.	Matériel.
— de bois (autorisations pour les particuliers).	Id.	Id.	Id.
— de bois des communes (autorisations).	Id.	Id.	Id.

ATTRIBUTIONS.	MINISTÈRES.	DIRECTIONS, ADMINISTRAT^{ons}, DIVISIONS	BUREAUX.
DÉFRICHEMENT de bois des communes (régie dans les localités).	Intérieur.	Administration départementale et communale.	3e.
DÉGUISEMENS (mesures d'ordre, police, etc.)	Id.	Division de la police générale.	1er.
— à Paris Id. Id.		Préfecture de police, secrétariat général.	2e bau, 1re sect.
DÉLIMITATION territoriale, de départemens, d'arrondissemens de cantons, de communes (régie administrative).	Intérieur.	Administration départementale et communale.	1er.
— territoriale, de départemens, d'arrondissemens, de cantons, de communes (avis de convenance sous le rapport de la statistique civile).	Just. et cult.	Division des affaires civiles et du sceau.	1er.
— des quartiers de Paris (travaux administratifs).		Préfecture de la Seine, 1re division.	2e.
— des quartiers de Paris (examen sous le rapport de la police administrative).		Préfecture de police, secrétariat général.	1er bau, 1re sect.
— des forêts.	Finances.	Administration des forêts, 3e division.	Contentieux.
DÉLITS (direction administrative de la poursuite des).	Just. et cult.	Division des affaires criminelles et des graces.	1er bureau.
— contre les personnes et les propriétés (recherches, poursuites préliminaires à Paris).		Préfecture de police, 1re division.	1er.

ATTRIBUTIONS.	MINISTÈRES	DIRECTIONS, ADMINISTRAT°ⁿˢ, DIVISIONS.	BUREAUX.
DÉLITS intéressant la morale publique (recherches, poursuites préliminaires à Paris).		Préfecture de police, 2e division.	2e.
— de police rurale, forestière, des douanes, octrois.contributions indirectes (poursuites des).	Just. et cult.	Division des affaires criminelles et des graces.	1er.
— forestiers, de chasse, de pêche (constatation, etc.).	Finances.	Administration des forêts, 3e division.	Contentieux.
DÉMARCATION territoriale pour les départemens, arrondissemens, cantons, communes (régie administrative).	Intérieur.	Administration départementale et communale.	1er.
— territoriale pour les départemens, arrondissemens, cantons, communes (avis de convenance sous le rapport de la statistique civile).	Just. et cult.	Division des affaires civiles et du sceau.	1er.
DÉMOLITIONS (surveillance à Paris).		Préfecture de police, 2e division.	2e.
DÉNOMBREMENT de la population générale (états).	Intérieur.	Administration départementale et communale.	1er.
— d'animaux.	Commerce.	Administration de l'industrie agricole et commerciale.	3e.
DÉNOMINATION des rues, places, ponts, etc.	Intérieur.	Administration départementale et communale.	1er.

ATTRIBUTIONS.	MINISTÈRES.	DIRECTIONS, ADMINISTRAT^{ons}, DIVISIONS.	BUREAUX.
DENRÉES (régie administrative).	Commerce.	Administration de l'industrie agricole et commerciale.	4e.
— de la guerre (régie administrative).	Guerre.	Direction de l'administration.	B^{au} des subsistances milit.
— de la marine (régie administrative).	Marine.	Direction des subsistances.	Bureau des denrées.
DÉPAISSANCE de bêtes à laine dans les forêts de l'état.	Finances.	Administration des forêts, 3e division.	Bureau du contentieux.
— de bêtes à laine dans les forêts communales.	Intérieur.	Administration départementale et communale.	3e.
DÉPARTEMENS (statistique civile).	Just. et cult.	Division des affaires civiles et du sceau.	1er.
— (délimitation territoriale , questions d'administration générale).	Intérieur.	Administration départementale et communale.	1er.
— (formation des budgets des dépenses variables, ordinaires et extraordinaires).	Id.	Division de la comptabilité générale.	3e.
— (examen et réglement des comptes).	Id.	Id.	3e.
— (acquisitions, échanges, ventes, dépenses courantes , contentieux).	Id.	Administration départementale et communale.	2e.
— dépenses, contentieux, (arriérés).	Id.	Division de la comptabilité générale.	3e.
— (conseils généraux de).	Id.	Section de l'administration du personnel.	1er.

ATTRIBUTIONS.	MINISTÈRES.	DIRECTIONS, ADMINISTRAT^{ons}, DIVISIONS.	BUREAUX.
DÉPARTEMENS (personnel des préfets et sous-préfets).	Intérieur.	Sous-secrétariat d'état.	Bureau du personnel.
— (abonnemens des préfets et sous-préfets).	Id.	Section de l'administration du personnel.	2e.
— (contentieux de l'administration).		Conseil d'état.	Comité de législation.
DÉPÊCHES (ouverture et enregistrement) dans chaque ministère.		Secrétariat général.	B^{au} central.
— (franchise, contre-seing, timbre) dans chaque ministère).		Id.	Id.
— réception, vérification, distribution, etc., (postes).	Finances.	Administration des postes, 3e division.	B^{au} du départ et de l'arriéré.
DÉPENSES générales du budget payables à Paris.	Id.	Administration centrale, trésor royal.	Caisse centrale.
— générales payables dans les départemens.	Id.	Administration centrale, direction du mouvement général des fonds.	2e.
— générales du trésor public (paiement à Paris).	Id.	Id.	1er.
— publiques dans les départemens (acquittement).	Id.	Administration centrale, trésor royal.	Payeurs extérieurs.

ATTRIBUTIONS.	MINISTÈRES.	DIRECTIONS , ADMINISTRAT^{ons}, DIVISIONS.	BUREAUX.
DÉPENSES d'administration générale de l'intérieur et du commerce (ordonnancement).	Intérieur.	Division de la comptabilité générale.	2e.
— des établissemens de bienfaisance, des beaux-arts , des ponts et chaussées (ordonnancement).	Id.	Id.	2e.
— des travaux d'intérêt général à Paris et dans les départemens (ordonnancement).	Id.	Id.	2e.
— départementales (régie administrative).	Id.	Administration départementale et communale.	2e.
— des communes (régie administrative).	Id.	Id.	4e.
— des hospices id.	Id.	Id.	5e.
DÉPENSES de tous les ministères.		Division de la comptabilité générale.	Bureau de la comptabilité.
— publiques générales (vérification des comptes).		Cour des comptes.	
DÉPOSSÉDÉS (propriétaires).	Finances.	Administration de l'enregistrement et des domaines.	4e sous-direction.
DÉPOT de la guerre (direction administrative).	Guerre.	Direction du dépôt de la guerre.	

ATTRIBUTIONS.	MINISTÈRES.	DIRECTIONS , ADMINISTRAT^{ons}, DIVISIONS.	BUREAUX.
DÉPOT central d'artillerie (direction administrative).	Guerre.	Direction du personnel et des opérations militaires.	Bureau de l'artillerie.
— des cartes et plans de la guerre.	Id.	Direction du dépôt de la guerre.	
— des fortifications.	Id.	Direction du personnel et des opérations militaires.	B^{au} du génie.
— id. de la marine.	Marine.	Dépôt général des cartes et plans.	
— des ponts et chaussées (cartes et plans).	Intérieur.	Direction générale des ponts et chaussées, dépôt des cartes et plans.	
— légal des livres, gravures, etc., pour la bibliothèque royale.	Id.	Division des beaux-arts.	3e.
— légal des livres, — au ministère de l'instruction publique.	Instr. pub.	Troisième division.	B^{au} des sciences et let., 1re sect.
DÉPOTS d'étalons (administration des)	Commerce.	Secrétariat général.	B^{au} des haras.
— de remontes de Paris (administration des).	Id.	Id.	Id.
DÉPOTS judiciaires généraux en numéraire, etc.		Caisse des dépôts et consignations.	
— de mendicité (régie administrative).	Intérieur.	Administration départementale et communale.	2e.
— de mendicité du département de la Seine (régie administrative).		Préfecture de police, 1re division.	3e.

ATTRIBUTIONS.	MINISTÈRES.	DIRECTIONS, ADMINISTRAT°ⁿˢ, DIVISIONS.	BUREAUX.
DÉPOTS de mendicité (examen des individus qui sollicitent leur admission à Paris).		Préfecture de police, 2ᵉ division.	2ᵉ.
— maisons d'arrêts (régie administrative).	Intérieur.	Administration départementale et communale.	2ᵉ.
— pour les corps de troupes.	Guerre.	Direction du personnel et des opérations militaires.	Bᵃᵘ du génie.
— volontaires de monnaies d'or, d'argent, de lingots, etc.		Banque de France.	
— et consignations (caisse des).	Finances.	Sous la surveillance d'une commission spéciale nommée par le roi.	
— de remontes pour les troupes.	Guerre.	Direction du personnel et des opérations militaires.	Bᵃᵘ de la caval. et de la remonte.
DÉPUTÉS (exécution des lois sur les élections, etc.).	Intérieur.	Section de l'administration du personnel.	1ᵉʳ.
— exécution des lois sur, les élections (Seine).		Préfecture de la Seine, 1ʳᵉ division.	4ᵉ.
— (envoi des procès-verbaux d'élection etc.)	Id.	Section de l'administration du personnel.	1ᵉʳ.
— (lettres de convocation).	Id.	Id.	1ᵉʳ.
DÉRIVATIONS d'eaux (irrigations).	Id.	Direction générale des ponts et chaussées, section de la navigation.	2ᵉ.

D

ATTRIBUTIONS.	MINISTÈRES.	DIRECTIONS, ADMINISTRAT^ons, DIVISIONS	BUREAUX.
DÉSERTEURS (recherches , poursuites , exécution des jugemens).	Guerre.	Direction du personnel et des opérations militaires.	B^au de la justice militaire.
— (recherches dans le département de la Seine).		Préfect. de police, secrétariat général.	2e b^au, 2e sect.
— condamnés aux travaux publics (direction des travaux).	Intérieur.	Direction générale des ponts et chaussées, secrétariat général.	B^au du personnel.
DESSÉCHEMENT de marais (direction administrative).	Id.	Direction générale des ponts et chaussées, section de la navigation.	1er.
— de marais communaux (propositions, etc.).	Id.	Administration départementale et communale.	3e.
DESSIN (écoles publiques de Paris et des départemens), direction administrative.	Id.	Division des beaux-arts.	1er.
DESTRUCTION des animaux nuisibles.	Commerce.	Administration de l'industrie agricole et commerciale.	3e.
— id. à Paris.		Préfecture de police, 2e division.	4e.
DÉTAXES des lettres.	Finances.	Administration des postes, 2e division.	B^au de la vérification.
DÉTENUS (régime général).	Intérieur.	Administration départementale et communale.	2e.
— (permissions pour communiquer avec les).	Intérieur.	Id.	2e.

ATTRIBUTIONS.	MINISTÈRES.	DIRECTIONS, ADMINISTRAT°⁰ⁿˢ, DIVISIONS.	BUREAUX.
DÉTENUS (permissions pour communiquer avec les) dans le départ* de la Seine.		Préfecture de police, 1re division.	3e.
— (placement en apprentissage des jeunes).	Intérieur.	Administration départementale et communale.	2e.
DETTE inscrite (contrôle, contentieux, rétablissement de rentes, examen des déclarations de perte de certificats d'inscription, délivrance de certificats d'origine, etc.).	Finances.	Administration centrale, direction de la dette inscrite.	Bⁿ central.
— inscrite (écritures sur le grand livre, expédition de nouveaux certificats d'inscription, etc.).	Id.	Administration centrale, direction de la dette inscrite.	1er.
— inscrite (transferts et mutations, reddition à la cour des comptes du compte annuel des mouvemens, etc.).	Id.	Id. Id.	2e.
— inscrite (liquidation et tenue du livre des pensions).	Id.	Id. Id.	3e.
— inscrite (service général des cautionnemens en numéraire).	Id.	Administration centrale, direction de la dette inscrite.	4e.
DETTES anciennes des départemens (révision, etc.).	Intérieur.	Division de la comptabilité générale.	3e.

D

ATTRIBUTIONS.	MINISTÈRES.	DIRECTIONS, ADMINISTRAT^{ons}, DIVISIONS.	BUREAUX.
DETTES courantes des départemens (liqui-dation, etc.).	Intérieur.	Administration départementale et com-munale.	2e.
— anciennes des communes (révision, etc.).	Id.	Id.	3e.
— courantes des communes (liquida-tion, etc.).	Id.	Id.	4e.
— des hospices (liquidation, etc.).	Id.	Id.	5e.
— de l'ancienne liste civile (liquidation, etc.)	Finances.	Administration centrale., direction du contentieux.	B^{au} central.
— des officiers de l'armée (liquidation, etc).	Guerre.	Direction de l'administration.	B^{au} de la solde.
DÉVERSOIRS pour usines (exécution des réglemens, etc.).	Intérieur.	Direction générale des ponts-et-chaus-sées, section de la navigation.	2e.
DIGUES (travaux, entretien, etc.).	Id.	Id. Id.	1er.
— dans le département de la Seine (entre-tien, etc.).		Préfecture de la Seine, 2e division.	1er.
DIOCÈSES (circonscription).	Just. et cult.	Division du culte catholique.	3e.
DIPLOMATIE (direction administrative).	Aff. étrang.	Direction politique.	B^{au} du protoc.
DIPLOMES des grades dans les facultés (dé-livrance, etc.).	Instr. publ.	Première division.	2e.
DISCIPLINE (administration des compagnies de).	Guerre.	Direction du personnel et des opéra-tions militaires.	B^{au} de la justice militaire.
— (conseils de), garde nationale.	Intérieur.	Sous-secrétariat d'état.	B^{au} des gardes nationales.

ATTRIBUTIONS.	MINISTÈRES.	DIRECTIONS. ADMINISTRAT°ⁿˢ, DIVISIONS.	BUREAUX.
DISCIPLINE des officiers ministériels.	Just. et cult.	Division du personnel.	2ᵉ.
— particulière des avocats, avoués, huissiers, notaires, commissaires priseurs, etc.).		Chambre de discipline de chaque corps.	
DISPENSAIRES (institutions de bienfaisance), personnel général.	Intérieur.	Secrétariat général.	Bureau des secours.
— (institutions de bienfaisance), statuts, réglemens, etc.	Id.	Administration départementale et communale.	5ᵉ.
— (régie administrative, à Paris).		Préfecture de la Seine, 3ᵉ division.	2ᵉ.
— (régie particulière, à Paris).		Société philanthropique.	
DISPENSES d'âge et de parenté pour mariage.	Just. et cult.	Division des affaires civiles et du sceau.	2ᵉ.
— pour le service militaire.	Guerre.	Direction du personnel et des opérations militaires.	Bᵘ du recrut.
— pour le service de la garde nationale.	Intérieur.	Sous-secrétariat d'état.	Bᵘ des gardes nationales.
DISSECTION (salles de), surveillance dans le département de la Seine.		Préfecture de police, 2ᵉ division.	4ᵉ.
DISTILLERIES (autorisation pour établissement, surveillance) dans le département de la Seine).		Préfecture de police, 2ᵉ division.	4ᵉ.
DOMAINE de la couronne (administration).	Intend. gén. de la liste c.	Direction des domaines et du contentieux.	

ATTRIBUTIONS.	MINISTÈRES.	DIRECTIONS, ADMINISTRAT^{ons}, DIVISIONS.	BUREAUX.
DOMAINE privé du roi (régie).		Administration du domaine privé du roi.	
— militaire (régie, contentieux, etc.).	Guerre.	Direction du personnel et des opérations militaires.	B^{au} du génie.
DOMAINES de l'état (administration).	Finances.	Administration de l'enregistrement et des domaines.	
— de l'état (suite des affaires y relatives).	Id.	Administration centrale , secrétariat général.	3e.
—nationaux (décomptes d'acquéreurs, etc.).	Id.	Administration de l'enregistrement et des domaines.	4e sous-direct.
— engagés, échangés, etc.	Id.	Id.	Id.
— envahis ou usurpés (revendication dans le département de lā Seine).		Préfecture de la Seine., 1re division.	3e.
— des départemens (arriéré, contentieux).	Intérieur.	Division de la comptabilité générale.	3e.
— des départemens (affaires courantes).	Id.	Administration départementale et communale.	2e.
— des communes (administration générale, moins l'arriéré et le contentieux).	Id.	Id.	4e.
— des communes (arriéré, contentieux).	Id.	Id.	3e.
— des hospices et bureaux de bienfaisance (administration).	Id.	Id.	5e.
DONS aux établissemens ecclésiastiques et fabriques.	Just. et cult.	Division du culte catholique.	3e.

D

ATTRIBUTIONS.	MINISTÈRES.	DIRECTIONS, ADMINISTRAT^{ons}, DIVISIONS.	BUREAUX.
DONS aux communes.	Intérieur.	Administration départementale et communale.	3°.
— aux hospices, bureaux de bienfaisance, etc.	Id.	Id.	5°.
DOTATIONS (examen des titres et droits).	Just. et cul.	Division des affaires civiles et du sceau.	2°.
DOUANES (régie générale).	Finances.	Administration des douanes.	
— (personnel des agens supérieurs).	Id.	Administration centrale, secrétariat particulier.	1re section.
–– (personnel des agens inférieurs).	Id.	Administration des douanes, conseil d'administration.	B^{au} du pérson.
— (service actif).	Id.	Administration des douanes, 3e division.	1er.
— (préparation des tarifs et lois).	Commerce.	Conseil supérieur du commerce, secrétariat général.	1er.
— (embrigadement des employés).	Finances.	Administration des douanes 3e division.	1er.
— (comptabilité des receveurs).	Id.	Id.	1er.
— (dépenses du service extérieur).	Id.	Id.	2e.
— (plombage).	Id.	Id.	2e.
— (suite des affaires y relatives).	Id.	Administration centrale, secrétariat général.	3e.
— (exceptions au régime général).	Id.	Administration des douanes.	4e Division.
DOULLENS (maison de détention de), administration générale.	Intérieur.	Administration départementale et communale.	2e.

ATTRIBUTIONS.	MINISTÈRES.	DIRECTIONS, ADMINISTRAT^{ons}, DIVISIONS.	BUREAUX.
DRAPEAUX (confection des).	Guerre.	Direction du personnel et des opérations militaires.	B^{au} de l'artiller.
DRILLES (chiffons), avis sur délivrance de permis de dépôt, etc.).	Commerce.	Administration de l'industrie agricole et commerciale.	5e.
— (délivrance de permis dépôt, etc.).	Finances.	Administration des douanes, 2e division.	1er.
DROIT (faculté de), régime général.	Instr. publ.	Première division.	2e.
DROIT universitaire (recouvrement).	Id.	Division de la comptabilité générale.	2e.
DROITS d'enregistrement sur les actes publics et sous seing privé.	Finances.	Administration de l'enregistrement et des domaines.	2e sous-direction.
— de Français (réintégration).	Just. et cult.	Division des affaires civiles et du sceau.	2e.
— sur la circulation, l'entrée, le détail, la consommation des boissons, etc.	Finances.	Administration des contributions indirectes.	
— d'importation et d'exportation.	Id.	Adm. des douanes, 2e division.	1er.
— de fabrication de bières, de cartes.	Id.	Administration des contributions indirectes.	
— du dixième sur les voitures publiques.	Id.	Id.	
— de transport des marchandises.	Id.	Id.	
— de navigation, de douanes, d'enregistrement, de timbre, de greffe, d'hypothèques, etc.	Id.	Id.	

ATTRIBUTIONS.	MINISTÈRES.	DIRECTIONS, ADMINISTRAT^{ons}, DIVISIONS.	BUREAUX.
DROITS sur les sels, les tabacs, les poudres.	Finances.	Administ. des contributions indirectes.	
— sur la taxe des lettres, les envois d'argent, le service rural des postes, les malles-postes, les paquebots, la loterie, etc.	Id.	Id.	
— de marque sur les matières d'or et d'argent.	Id.	Id.	
— de places dans les halles, marchés, abattoirs, et de toute nature au profit des communes.	Intérieur.	Administration départementale et communale.	4e.
— au profit des communes (contentieux).	Id.	Id.	3e.
— au profit des hospices et bureaux de bienfaisance.	Id.	Id.	5e.
— aux halles, marchés, etc., du département de la Seine (perception).		Préfecture de police, 2e division.	1er.
— aux halles, marchés, etc., du département de la Seine (surveillance et contrôle).		Préfecture de la Seine, 1re division.	B^{au} central du pesage, etc.
— sur les voitures publiques (département de la Seine).		Préfecture de police, 2e division.	3e.
— de petite voirie (département de la Seine).		Id.	2e.

ATTRIBUTIONS.	MINISTÈRES.	DIRECTIONS, ADMINISTRAT^{ons}, DIVISIONS.	BUREAUX.
DROITS de pesage, mesurage et jaugeage, au profit des communes.	Intérieur.	Administration départementale et communale.	4e.
— de pesage, mesurage et jaugeage (Seine).		Préfecture de police, 2e division.	1er.
— id. id. (id.) surveillance et contrôle.		Préfecture de la Seine, 1re division.	Bau central du pesage, etc.
— de douanes (réduction pour cause d'avaries).	Finances.	Administration des douanes, 2e division.	1er.
— de douanes (remboursement).	Id.	Id. 4e division.	2e.
— de parcours dans les forêts de l'état (concessions).	Id.	Administration des forêts, 3e division.	Contentieux.
— de parcours dans les forêts de l'état (usage au profit des communes).	Intérieur.	Administration départementale et communale.	3e.
— de pêche (régie, adjudications, etc.).	Finances.	Administration des forêts, 3e division.	Contentieux.
— id. id. dans le département de la Seine).		Préfecture de la Seine, 1re division.	1er.
— de courtage (fixation des).	Commerce.	Administration de l'industrie agricole et commerciale.	1er.
— de bourgeoisie (anciens) questions y relatives.	Intérieur.	Administration départementale et communale.	1er.
DUNES (travaux des).	Id.	Direction générale des ponts-et-chaussées, section de la navigation.	1er.

ATTRIBUTIONS.	MINISTÈRES.	DIRECTIONS, ADMINISTRAT^{ons}, DIVISIONS.	BUREAUX.
EAUX navigables ou non navigables (classification).	Finances.	Administration des forêts, 3e division.	Contentieux.
— (usines sur cours d').	Intérieur.	Direction générale des ponts-et-chaussées, section de la navigation.	2e.
— navigables (régime des).	Id.	Id.	2e.
— non navigables (régime des).	Id.	Administration départementale et communale.	1er.
— (vente, distribution par les communes).	Id.	Id.	3e.
— id. service général à Paris).		Préfecture de la Seine, 2e division.	2e.
— de Paris (surveillance du service).		Préfecture de police, 2e division.	3e.
— minérales (régie administrative).	Commerce.	Secrétariat général.	B^{au} des établiss. sanitaires.
— id. et artificielles, à Paris (surveillance).		Préfecture de police, 2e division.	4e.
— thermales (régie administrative).	Id.	Secrétariat général.	B^{au} des établiss. sanitaires.
ÉCARRISSAGE (autorisations pour chantiers d').	Id.	Administration de l'industrie agricole et commerciale.	5e.
— (examen sanitaire des chantiers d'), dans le département de la Seine.		Préfecture de police.	Conseil de salubrité.
— (surveillance, autorisations), id. id.		Préfecture de police, 2e division.	4e.

ATTRIBUTIONS.	MINISTÈRES.	DIRECTIONS, ADMINISTRAT^{ons}, DIVISIONS.	BUREAUX.
ÉCHANGES commerciaux (juridiction administrative).	Commerce.	Administration de l'industrie agricole et commerciale.	3e.
— dans l'intérêt des départemens (id.)	Intérieur.	Administration départementale et communale.	2e.
— dans l'intérêt des communes (id.)	Id.	Id.	3e.
— — — des hospices et bureaux de bienfaisance (jurid. administrative).	Id.	Id.	5e.
ÉCHAUDOIRS (autorisation d'établissement).	Commerce.	Administration de l'industrie agricole et commerciale.	4e.
— à Paris (surveillance, etc.).		Préfecture de police, 2e division.	1er.
ÉCHENILLAGE (exécution des réglemens sur l').	Id.	Administration de l'industrie agricole et commerciale.	3e.
ÉCLAIRAGE des villes (dépenses).	Intérieur.	Administration départementale et communale.	4e.
— id. (traités d'entreprise).	Id.	Id.	3e.
— de Paris (service de l').		Préfecture de police, 2e division.	3e.
ÉCLUSES (régie administrative).	Id.	Direction générale des ponts-et-chaussées, section de la navigation.	2e.
ÉCLUSIERS (personnel).	Id.	Direction générale des ponts et chaussées, secrétariat général.	Bureau du personnel.
ÉCOLE d'application du corps royal d'état-major à Paris (administration).	Guerre.	Direction du personnel et des opérations militaires.	Bureau spécial.

ATTRIBUTIONS.	MINISTÈRES.	DIRECTIONS, ADMINISTRAT^{ons}, DIVISIONS.	BUREAUX.
ÉCOLE d'application du corps royal d'état-major de Metz (administration).	Guerre.	Direct. du personnel et des opérations militaires.	Bureau spécial.
— d'application du corps du génie maritime (administration).	Marine.	Direction du personnel.	B^{au} des officiers de vaisseau.
— d'architecture (direction administrative).	Intérieur.	Division des beaux-arts.	1er.
— d'artillerie id.	Guerre.	Direction du personnel et des opérations militaires.	Bureau de l'artillerie.
— du génie id.	Id.	Id.	B^{au} du génie.
— des beaux-arts id.	Intérieur.	Division des beaux-arts.	1er.
— royale vétérinaire d'Alfort (administration).	Commerce.	Administration de l'industrie agricole et commerciale.	3e.
— royale vétérinaire (entretien d'élèves militaires).	Guerre.	Direction du personnel et des opérations militaires.	Bureau de la cavalerie.
— royale des arts et métiers (administration, bourses, etc.).	Commerce.	Administration de l'industrie agricole et commerciale.	2e.
— royale des arts et métiers, bourses (Seine).		Préfecture de la Seine, 3e division.	1er.
ÉCOLE de cavalerie de Saumur (régie administrative).	Guerre.	Direction du personnel et des opérations militaires.	Bureau de la cavalerie, etc.
— des Chartes (régie administrative).	Instr. publ.	Troisième division.	B^{au} des sciences et lettres, 1re section.

ATTRIBUTIONS.	MINISTÈRES.	DIRECTIONS, ADMINISTRAT°ⁿˢ, DIVISIONS.	BUREAUX.
ÉCOLE de dessin pour les demoiselles à Paris (régie administrative).	Intérieur.	Division des beaux-arts.	1ᵉʳ.
— royale forestière (régie administrative).	Finances.	Administration des forêts ; 2ᵉ division.	Matériel.
— des langues orientales (id).	Instr. publ.	Troisième division.	Bᵃᵘ des sciences et let., 1ʳᵉ sect.
— gratuite de mathématiques et de dessin, à Paris (régie administrative).	Intérieur.	Division des beaux-arts.	1ᵉʳ.
— des mines (régie administrative).	Id.	Direction générale des ponts-et-chaussées, secrétariat général.	Bᵃᵘ du person.
— des mineurs de St-Etienne (régie administrative).	Id.	Id.	Id.
— navale de Brest (régie administrative).	Marine.	Direction du personnel.	Bᵃᵘ des officiers de vaisseaux.
— normale de Paris (id.).	Instr. publ.	Première division.	3ᵉ.
— de peinture de Paris (id.).	Intérieur.	Division des beaux-arts.	1ᵉʳ.
— polytechnique (administration , bourses, etc.).	Guerre.	Direction du personnel et des operations militaires.	Bᵃᵘ des états-majors.
— polytechnique (bourses du ministère de l'intérieur).	Intérieur.	Division des beaux-arts.	1ᵉʳ.
— polytechnique (bourses du ministère de la marine).	Marine.	Direction du personnel.	Bᵃᵘ des officiers de vaisseaux.

ATTRIBUTIONS.	MINISTÈRES.	DIRECTIONS, ADMINISTRAT^{ons}, DIVISIONS.	BUREAUX.
ECOLE des ponts-et-chaussées (administra-tion).	Intérieur.	Direction générale des ponts-et-chaus-sées, secrétariat général.	B^{au} du person.
— de médecine (id.).	Instr. publ.	Première division.	2e.
ECOLES royales militaires de St-Cyr, de la Flèche, de Saumur (administration).	Guerre.	Direction du personnel et des opérations militaires.	B^{au} de l'infant. et des écoles militaires.
— primaires et normales primaires (admi-nistration pour tous les cultes).	Inst. publ.	Première division.	4e.
— secondaires (administration).	Id.	Id.	3e.
— régimentaires (moins l'artillerie et le gé-nie, (administration).	Guerre.	Direction du personnel et des opérations militaires.	B^{au} de l'infant. et des écoles militaires.
— régimentaires, artillerie et génie (admi-nistration).	Id.	Id.	B^{aux} de l'artiller. et du génie
— secondaires ecclésiastiques (administra-tion).	Inst. publ.	Première division.	3e.
— d'équitation (administration).	Commerce.	Secrétariat général.	B^{au} des haras.
— royales vétérinaires (administration).	Id.	Administration de l'industrie agricole et commerciale.	3c.
— de musique de Paris, de Toulouse et de Lille (administration).	Intérieur.	Division des beaux-arts.	2e.

ATTRIBUTIONS.	MINISTÈRES.	DIRECTIONS, ADMINISTRAT^ons, DIVISIONS.	BUREAUX.
ECOLES de pharmacie de Paris, de Strasbourg et de Montpellier (administration).	Instr. publ.	Troisième division.	B^au des sciences et let., 2e sect.
— gratuites de dessin de Paris et des dé-partemens (régie administrative).	Intérieur.	Division des beaux-arts.	1er.
— normales départementales (établisse-ment, administration).	Instr. publ.	Première division.	4e.
— normales départementales (dépenses d'établissement, matériel).	Intérieur.	Administration départementale et com-munale.	2e.
— établissement, dépenses au compte des communes).	Id.	Administration départementale et com-munale.	4e.
— polytechnique, militaires, navale et fo-restière (examen des aspirans, à Pa-ris).		Préfecture de la Seine, 3e division.	1er.
— secondaires et élémentaires du départe-ment de la Seine (direction, adminis-tration, dépenses, etc.).		Id.	id.	1er.
—(distributions gratuites de livres pour les).	Instr. publ.	Première division.	4e.
ÉCRITS périodiques et autres consacrés à la littérature, aux sciences, aux arts, etc., (déclarations, surveillance générale, réception du dépôt légal pour la bi-bliothèque royale).	Intérieur.	Division des beaux-arts.	3e.

ATTRIBUTIONS.	MINISTÈRES.	DIRECTIONS, ADMINISTRAT°ⁿˢ, DIVISIONS.	BUREAUX.
ECRITS périodiques et autres (ancien dépôt pour la bibliothèque Ste-Geneviève).	Instr. publ.	Troisième division.	Bᵃᵘ des sciences et let., 1ʳᵉ sect.
ÉDIFICES départementaux (construction, entretien, mobilier, dépenses).	Intérieur.	Administration départementale et communale.	2ᵉ.
— communaux (construction, entretien, mobilier, dépenses).	Id.	Id.	4ᵗ.
— communaux (ventes, échanges, affaires contentieuses).	Id.	Id.	3ᶜ.
— du culte (juridiction administrative).	Just. et cult.	Division du culte catholique.	3ᵉ.
— du culte (dépenses au compte des communes).	Intérieur.	Administration départementale et communale.	4ᵉ.
— du culte (secours aux communes pour dépenses des).	Just. et cult.	Division du culte catholique.	3ᵉ.
— (surveillance générale de conservation, à Paris).		Préfecture de police, 2ᵉ division.	2ᵉ.
EFFETS (valeurs), recouvrement par privilége unique.		Banque de France.	Bᵃᵘ des effets au comptant.
ÉGLISES paroissiales (circonscription, etc.).	Just. et cult.	Division du culte catholique.	3ᵉ.
— consistoriales (circonscription, etc.).	Id.	Division des cultes non catholiques.	Bᵃᵘ des cultes non catholiq.
— (dépenses de toute nature au compte des communes).	Intérieur.	Administration départementale et communale.	4ᵉ.

ATTRIBUTIONS.	MINISTÈRES.	DIRECTIONS, ADMINISTRAT^{ons}, DIVISIONS.	BUREAUX.
EGLISES (secours aux communes pour dé-penses y relatives).	Just. et cult.	Division du culte catholique.	3e.
— (dépenses de toute nature, dans le dé-partement de la Seine).		Préfecture de la Seine, 1re division.	1er.
ÉGOUTS (travaux aux comptes communes).	Intérieur.	Administration départementale et com-munale.	4e.
— (travaux, à Paris).		Préfecture de la Seine, 2e division.	3e.
— (surveillance, à Paris).		Préfecture de police, deuxième division.	1er.
ÉGYPTE (distribution du grand ouvrage sur l').	Id.	Division des beaux-arts.	1er.
ÉGYPTIENS (secours spéciaux aux réfugiés).	Guerre.	Direction des fonds de la comptabilité générale.	B^{au} des pensions
ELECTIONS des députés, des conseillers généraux des départemens, des con-seillers d'arrondissement, des con-seillers municipaux (exécution des lois et réglemens y relatifs).	Intérieur.	Section de l'administration du personnel.	1er.
— des députés, des conseillers, etc. dans le département de la Seine.		Préfecture de la Seine, 1re division.	4e.
— (officiers et sous-officiers de la garde nationale), juridiction administrative.	Id.	sous-Secrétariat d'état	B^{au} des gardes nationales.

ATTRIBUTIONS.	MINISTÈRES.	DIRECTIONS, ADMINISTRAT°ⁿˢ, DIVISIONS.	BUREAUX.
ELECTIONS (officiers et sous-officiers de la garde nationale, dans le département de la Seine).		Préfecture de la Seine , 3ᵉ division.	4ᵉ.
EMIGRÉS (commission de liquidation, établissement du passif, etc.).	Finances.	Administration centrale, secrétariat général.	1ᵉʳ.
EMPLOYÉS (personnel général dans chaque ministère).		Secrétariat général.	Bᵃᵘ central.
— réformés de la guerre (pensions, secours).	Guerre.	Dirᵒⁿ des fonds de la comptabilité génˡᵉ	Bᵃᵘ des pens.
— réformés de la marine(pensions, secours).	Marine.	Direction de la comptabilité,	Bᵃᵘ des comp.
— réformés de chaque ministère(pensions, secours).		Direction de la comptabilité générale.	Id.
— des préfectures (régime administratif, pensions, etc.).	Intérieur.	Section de l'administration du personnel.	1ᵉʳ.
— des mairies et de toutes les administrations communales (régime administratif, pensions, etc.).	Id.	Administration départementale et communale.	4ᵉ.
EMPRUNTS par l'état(examen préparatoire).	Finances.	Administration centrale , secrétariat particulier.	2ᵉ section.
— par l'état (inscriptions, etc.).	Id.	Administration centrale , direction de la dette inscrite.	1ᵉʳ.

ATTRIBUTIONS.	MINISTÈRES.	DIRECTIONS , ADMINISTRAT^{ons}, DIVISIONS.	BUREAUX.
EMPRUNTS au compte des départemens.	Intérieur.	Division de la comptabilité générale.	3e.
— id. des communes.	Id	Administration départementale et communale.	4e.
— id. des hospices.	Id.	Id.	5e.
ENCANS (surveillance générale).	Commerce.	Administration de l'industrie agricole et commerciale.	1er.
— (surveillance à Paris).		Préfecture de police, 1re division.	1er.
ENCLAVES des communes (délimitations).	Intérieur.	Administration départementale et communale.	1er.
— id. (avis sur délimitations).	Just. et cult.	Division des affaires civiles et du sceau.	1er.
ENCOURAGEMENS aux beaux-arts (moins la musique).	Intérieur.	Division des beaux-arts.	1er.
— pour la musique.	Id.	Id.	2e.
— académiques.		Académie française.	
— scientifiques et littéraires.	Instr. publ.	Troisième division.	Bau des sciences et let., 1re sect.
— à l'agriculture.	Commerce.	Administration de l'industrie agricole et commerciale.	3e.
— au commerce.	Id.	Id.	1er.
— pour les pêches maritimes.	Id.	Id.	1er.
— aux employés (dans chaque ministère).		Secrétariat général.	Bau central.

ATTRIBUTIONS.	MINISTÈRES.	DIRECTIONS, ADMINISTRAT^{ons}, DIVISIONS.	BUREAUX.
ENFANS (salles d'asile pour les jeunes).	Intérieur.	Administration départementale et communale.	5e.
— trouvés et abandonnés (régime général).	Id.	Id.	5e.
— id. dans le département de la Seine (régime général).		Préfecture de la Seine, 3e division.	2e.
— abandonnés, égarés (Seine), recherches, envoi dans les hospices.		Préfecture de police, 1re division.	3e.
— morts-nés (Seine), surveillance de police, etc.		Id. Id.	1er.
ENGAGEMENS volontaires (troupes).	Guerre.	Direction du personnel et des opérations militaires.	B^{au} du recrutement.
— id. à Paris (devant l'autorité militaire).	Id.	Dépôt du recrutement.	
— volontaires à Paris (devant l'autorité civile).		Préfecture de la Seine, 3e division.	3e.
— volontaires à Paris (certificats d'aptitude).		Préfecture de police, secrétariat général.	2e b^{au}, 2e sect.
ENGAGEMENS décennaux des fonctionnaires des colléges royaux et communaux.	Instr. publ.	Première division.	3e.
ENREGISTREMENT et domaines (travaux préparatoires, nomination aux emplois).	Finances.	Administration de l'enregistrement et des domaines.	B^{au} particulier.

ATTRIBUTIONS.	MINISTÈRES.	DIRECTIONS, ADMINISTRAT^{ons}, DIVISIONS.	BUREAUX.
ENREGISTREMENT des actes de toute nature.	Finances.	Administration de l'enregistrement et des domaines.	3e sous-direct.
— id. (droits, contraventions, etc.).	Id.	Id.	2e id.
— (suite des affaires concernant les droits).	Id.	Administration centrale, secrétariat général.	3e.
— (dans chaque ministère, etc.) des pièces adressées au ministre.		Secrétariat général.	B^{au} central.
ENROLEMENS (troupes).	Guerre.	Direction du personnel et des opérations militaires.	
— à Paris devant l'autorité militaire.	Id.	Dépôt du recrutement.	
— id civile.		Préfecture de la Seine, 3e division.	3e.
— à Paris (certificats d'aptitude).		Préfecture de police, secrétariat général.	2e b^{au}, 2e sect.
ENSEIGNEMENT (juridiction [administrative).	Instr. publ.	1re division.	Bureau du recrutement.
ENSEIGNES de magasins, boutiques, etc. (police de petite voirie dans le département de la Seine).		Préfecture de police, 2e division.	2e.
ENTREPOTS du commerce (établissement).	Commerce.	Administration de l'industrie agricole et commerciale.	1er.

ATTRIBUTIONS.	MINISTÈRES.	DIRECTIONS, ADMINISTRAT^{ons}, DIVISIONS.	BUREAUX.
ENTREPOTS du commerce (dépenses par les communes pour établissement).	Intérieur.	Administration départementale et communale.	4e.
— du commerce (leurs rapports avec les douanes).	Finances.	Administration des douanes, 2e division.	1er.
— du commerce à Paris (établissement, dépenses).		Préfecture de la Seine, 2e division.	3e.
— du commerce (surveillance).		Chambres de commerce.	
— de grains (régie administrative).	Commerce.	Administration de l'industrie agricole et commerciale.	4e.
— de tabacs id.	Finances.	Administration des contributions indirectes.	
— (postes) id.	Id.	Administration des postes, 2e division.	B^{au} de la correspond^{ce} intér^{re}.
ÉPARGNE (caisses d')autorisations, etc.	Commerce.	Administration de l'industrie agricole et commerciale.	1er.
ÉPAVE (objets recueillis à titre d').	Finances.	Administration des douanes, 2e division.	1er.
— id. à Paris.		Préfecture de la Seine, première division.	3e.
ÉPICIERS-droguistes (surveillance à Paris).		Préfecture de police, 2e division.	4e.
ÉPIDÉMIES (secours, personnel des médecins, etc.).	Commerce.	Secrétariat général.	B^{au} des établiss. insalubres.
— (secours, personnel des médecins dans le département de la Seine).		Préfecture de la Seine, 3e division.	2e.

E

ATTRIBUTIONS.	MINISTÈRES	DIRECTIONS, ADMINISTRAT^{ons}, DIVISIONS.	BUREAUX.
ÉPIDÉMIES (examen, direction des secours, etc., dans le département de la Seine).		Préfecture de police.	Conseil de salubrité.
ÉPIZOOTIES (secours, etc.).	Commerce.	Administration de l'industrie agricole et commerciale.	3e.
— secours, etc., dans le département de la Seine.		Préfecture de police, 2e division.	4e.
ÉQUIPAGES militaires (personnel, état civil, remontes, etc.).	Guerre.	Direction du personnel et des opérations militaires.	B^{au} de la caval.
— d'artillerie, de siége, de campagne (matériel).	Id.	Id.	Bureau de l'artillerie.
— de la marine (organisation, recrutement, administration, etc.).	Marine.	Direction du personnel.	B^{au} du recrut. des équipages.
ÉQUIPEMENT des troupes.	Guerre.	Direction de l'administration.	B^{au} de l'habillement, etc.
— id. (changemens, rectifications).	Id.	Id.	Id.
— (pour la marine royale).	Marine.	Direction des ports.	B^{au} des approvisionnem. gén^x.
ESCADRONS de guerre (formation, etc.).	Guerre.	Direction du personnel et des opérations militaires.	B^{au} de la caval.
ESCOMPTE (comptoirs de), avis sur leur établissement.	Finances.	Administration centrale, secrétariat particulier.	1re section.

ATTRIBUTIONS.	MINISTÈRES.	DIRECTIONS, ADMINISTRAT[ons], DIVISIONS.	BUREAUX.
ESCOMPTE (comptoirs d'), autorisation d'établissement.	Commerce.	Administration de l'industrie agricole et commerciale.	1er.
— de lettres de change, effets à ordre, à échéances, etc. (par privilége unique).		Banque de France.	Bureau de l'escompte.
ESPAGNOLS compris dans les capitulations de 1823 (secours aux).	Guerre.	Direction des fonds de la comptabilité générale.	Bureau des pensions.
ESSAYEURS du commerce (juridiction administrative).	Commerce.	Administration de l'industrie agricole et commerciale.	1er.
— du commerce (certificats de garantie aux).	Finances.	Commission des monnaies.	
— des monnaies (personnel).	Id.	Id. Id.	
ESTAFETTES (personnel).	Id.	Administration des postes, 2e division.	B[au] de la correspond[ce] int[re].
ESTAFETTES (expédition des).	Id.	Administration des postes, 3e division.	B[au] du départ et de l'arrivée.
ESTAMPES (surveillance, dépôt pour la bibliothèque royale, etc.).	Intérieur.	Division des beaux-arts.	3e.
ÉTABLISSEMENS français dans l'Inde (juridiction administrative).	Marine.	Direction des colonies.	B[aux] de législation, etc.
— britanniques (juridiction administrative).	Instr. publ.	Troisième division.	B[au] des sciences et let., 1re sect.

E

ATTRIBUTIONS.	MINISTÈRES.	DIRECTIONS , ADMINISTRAT^{ons}, DIVISIONS.	BUREAUX.
ÉTABLISSEMENS royaux (juridiction administrative).	Int^{ce} gén^{le} de la liste civile.	Direction des musées et établissemens royaux.	
— insalubres (autorisations pour).	Commerce.	Administration de l'industrie agricole et commerciale.	5e.
— dangereux, insalubres, incommodes, (autorisations, surveillance dans le département de la Seine).		Préfecture de police, 2e division.	4e.
— sanitaires (régie administrative).	Id.	Secrétariat général.	B^{au} des établiss. sanitaires.
— id. (de la marine).	Marine.	Direction des ports.	Bureau des hôpitaux.
— ecclésiastiques ou religieux (régie administrative).	Just. et cult.	Division du culte catholique.	3e.
— de bienfaisance (personnel administratif et médical).	Intérieur.	Secrétariat général.	B^{au} des secours.
— de bienfaisance (allocation sur le fonds alloué au budget pour secours généraux).	Id.	Id.	Id.
— de bienfaisance (réglemens, administration, dons, legs, régie financière).	Id.	Administration départementale et communale.	5e.
— de bienfaisance (ordonnancement des dépenses).	Id.	Division de la comptabilité générale.	2e.

ATTRIBUTIONS.	MINISTÈRES.	DIRECTIONS, ADMINISTRAT°ⁿˢ, DIVISIONS.	BUREAUX.
ÉTABLISSEMENTS industriels (ordonnancement des dépenses).	Commerce.	Division de la comptabilité générale.	Bᵘ des ordonn. et comptes.
— industriels (autorisations, etc.).	Id.	Administration de l'industrie agricole et commerciale.	2ᵉ.
— métallurgiques (régie administrative).	Intérieur.	Direction générale des ponts et chaussées, division des mines.	Bᵘ des mines.
— consommant une grande quantité de combustibles (autorisation, etc.).	Finances.	Administration des forêts, 3ᵉ division.	Contentieux.
— départementaux (administration).	Intérieur.	Administration départementale et communale.	2ᵉ.
— communaux (régie financière).	Id.	Id.	4ᵉ.
— id. (ventes, échanges, contentieux général).	Id.	Id.	3ᵉ.
— départementaux et communaux (Seine), régie administrative.		Préfecture de la Seine, 2ᵉ division.	3ᵉ.
— sur la Seine, à Paris (autorisations, surveillance).		Préfecture de police, 2ᵉ division.	1ᵉʳ.
ÉTALAGES mobiles dans le département de la Seine (permissions, surveillance).		Id. Id.	2ᵉ.
— de livres (autorisations, surveillance).	Intérieur.	Division des beaux-arts.	3ᵉ.

ATTRIBUTIONS.	MINISTÈRES.	DIRECTIONS, ADMINISTRAT°ⁿˢ, DIVISIONS.	BUREAUX.
ÉTALAGES de livres et gravures (autorisations, surveillance à Paris).		Préfecture de police, secrétariat général.	2ᵉ bᵃᵘ, 1ʳᵉ sect.
ÉTALONS (administration des dépôts, approbation, achats, etc.).	Commerce.	Secrétariat général.	Bᵃᵘ des haras.
ÉTAPES (gites, assiette, changement, suppression, etc.).	Guerre.	Direction de l'administration.	Bᵃᵘ des transp., convois, etc.
— (observations y relatives dans l'intérêt des communes).	Intérieur.	Administration départementale et communale.	1ᵉʳ.
ÉTAT CIVIL (formation des registres, questions y relatives, etc.).	Id.	Id.	1ᵉʳ.
— (examen annuel, vérification des registres).	Just. et cult.	Division des affaires civiles et du sceau.	1ᵉʳ.
— (guerre), expédition des actes.	Guerre.	Secrétariat général.	Bᵃᵘ des lois et archives.
— (affaires étrangères), expédition des actes).	Aff. étrang.	Direction des chancelleries.	Bᵃᵘ de l'état civ.
— (dans chaque ministère), expédition des actes).		Secrétariat général.	Bureau des archives.
— (Seine), inscription, délivrance et renvoi des actes.		Préfecture de la Seine, 1ʳᵉ division.	2ᵉ.
— (Seine), solution des questions qui s'y rattachent.		Id. Id.	2ᵉ.

ATTRIBUTIONS.	MINISTÈRES.	DIRECTIONS, ADMINISTRAT^{ons}, DIVISIONS.	BUREAUX.
ÉTAT CIVIL (Seine), surveillance.		Préfecture de police, secrétariat général.	2e b^{au}, 1re sect.
ÉTAT-MAJOR (corps royal, personnel, écoles, etc.).	Guerre.	Direct. du personnel et des opérations militaires.	Bureau spécial.
— des places (personnel).	Id.	Id.	id.
ÉTAUX (autorisations d'établissement).	Commerce.	Administration de l'industrie agricole et commerciale.	4e.
— (autorisations d'établissement dans le département de la Seine).		Préfecture de police, 2e division.	1er.
ÉTENDARTS (confection des).	Guerre.	Direction du personnel et des opérations militaires.	B^{au} de l'artillerie.
ÉTIAGE des fleuves et rivières.	Intérieur.	Direction générale des ponts et chaussées, section de la navigation.	2e.
— de la Seine.		Préfecture de police, 2e division.	1er.
ÉTOFFES (marque des).	Commerce.	Administration de l'industrie agricole et commerciale.	2e.
ÉTRANGERS (admission au domicile).	Just. et cult.	Division des affaires civiles et du sceau.	2e.
— (présentation au roi).	Aff. étrang.	Direction politique.	B^{au} du protoc.
— (réclamations des Français envers les).	Id.	Direction des archives et chancelleries.	Bureau de la chancellerie.
— réfugiés (secours aux).	Intérieur.	Division de la police générale.	1er.
— (subsides, à Paris).		Préfecture de police, secrétariat général.	2e b^{au}, 2e sect.

E

ATTRIBUTIONS.	MINISTÈRES.	DIRECTIONS, ADMINISTRAT^{ons}, DIVISIONS	BUREAUX.
ÉVÊCHÉS (présentation pour nominat. aux).	Just. et cult.	Division du culte catholique.	1er.
— (tarif des droits de secrétariat, d'obla-tions, d'inhumations, etc.).	Id.	Id.	3e.
— (acquisitions, ameublement, travaux des bâtimens).	Id.	Id.	2e.
ÉVÊQUES (frais d'installation).	Id.	Id.	1er.
EXEMPTIONS du service militaire.	Guerre.	Direction du personnel et des opérations militaires.	B^{au} du recrut.
— du service de la garde nationale.	Intérieur.	Sous-secrétariat d'état.	B^{au} des gardes nationales.
EXEQUATUR des ambassadeurs et consuls étrangers.	Aff. étrang.	Direction politique.	Bureau du protocole.
EXERCICES militaires (institutions, régle-mens, etc.).	Guerre.	Direction du personnel et des opérations militaires.	B^{au} des opérat. militaires.
EXERCICES de la garde nationale.	Intérieur.	Sous-secrétariat d'état.	B^{au} des gardes nationales.
EXHUMATIONS (autorisations pour).	Id.	Administration départementale et communale.	4e.
EXPERTS (commissaires) du commerce.	Commerce.	Administration de l'industrie agricole et commerciale.	1er.
— (id.) près des douanes.	Id.	Id.	1er.

E

ATTRIBUTIONS.	MINISTÈRES.	DIRECTIONS, ADMINISTRAT⁰ⁿˢ, DIVISIONS.	BUREAUX.
EXPORTATION commerciale (centralisation des documens, etc.).	Commerce.	Conseil supérieur de commerce, secrétariat général.	2ᵉ.
— commerciale (états généraux).	Finances.	Administration des douanes, 4ᵉ division.	1ᵉʳ.
— des armes de commerce.	Guerre.	Direction du personnel et des opérations militaires.	Bureau de l'artillerie.
— des grains (situation, etc.).	Commerce.	Administration de l'industrie agricole et commerciale.	4ᵉ.
EXPOSITIONS des produits de l'industrie française.	Id.	Id.	1ᵉʳ.
— des produits de l'indust. française à Paris.		Préfecture de la Seine, 3ᵉ division.	1ᵉʳ.
— annuelles des ouvrages des artistes vivans.	Intérieur.	Division des beaux-arts.	1ᵉʳ.
— des produits des manufactures royales.	Int. gén. de la liste civile.	Direction des musées royaux.	
EXPROPRIATIONS pour cause d'utilité publique, dans l'intérêt des départemens.	Intérieur.	Administration départementale et communale.	2ᵉ.
— pour cause d'utilité publique dans l'intérêt des communes.	Id.	Id.	3ᵉ.
— pour travaux publics (routes royales et départementales, ponts y aboutissant, etc.).	Id.	Direct. générale des ponts-et-chaussées.	Section des routes et ponts.

ATTRIBUTIONS.	MINISTÈRES.	DIRECTIONS, ADMINISTRAT^ons, DIVISIONS.	BUREAUX.
EXPROPRIATIONS pour travaux des fortifications, bâtimens militaires, etc.	Guerre.	Direction du personnel et des opérations militaires.	B^au du génie.
— pour travaux des fortifications dans le département de la Seine.		Préfecture de la Seine, 1re division.	3e,
— pour les alignemens dans le département de la Seine.		Id. 2e division.	4e.
— pour travaux de la marine royale.	Marine.	Direction des ports.	B^au des travaux.
EXTRADITIONS civiles.	Just. et cult.	Division des affaires criminelles et des graces.	1er.
— militaires.	Guerre.	Direction du personnel et des opérations militaires.	B^au de la justice militaire.

ATTRIBUTIONS.	MINISTÈRES.	DIRECTIONS, ADMINISTRAT°ⁿˢ, DIVISIONS.	BUREAUX.
FABRIQUES (chambres consultatives, régie administrative).	Commerce.	Administration de l'industrie agricole et commerciale.	2ᵉ.
— (surveillance, dans le département de la Seine).		Préfecture de police, 2ᵉ division.	1ᵉʳ.
— des églises (legs, dons, administration des revenus, contentieux).	Just. et cult.	Division du culte catholique.	3ᵉ.
FACTEURS des postes (personnel général).	Finances.	Administration des postes, 1ʳᵉ division.	Bᵃᵘ du person.
— ruraux (dépenses au compte des communes).	Intérieur.	Administration départementale et communale.	4ᵉ.
FACULTÉS (direction administrative, délivrance des diplômes,etc., pour toutes les).	Instr. pub.	Première division.	2ᵉ.
— (matériel, dépenses générales).	Id.	Division de la comptabilité générale.	2ᵉ.
FANAUX (établissement, etc.).	Intérieur.	Direction générale des ponts-et-chaussées, section de la navigation.	2ᵉ.
FARINES (approvisionnemens généraux).	Commerce.	Administration de l'industrie agricole et commerciale.	4ᵉ.
— (approvisionnement de Paris).		Préfecture de police, 2ᵉ division.	1ᵉʳ.
FERMES expérimentales (régie administrative).	Id.	Administration de l'industrie agricole et commerciale.	3ᵉ.
FERRAGE pour les corps à cheval de l'armée, la gendarmerie exceptée.	Guerre.	Direction de l'administration.	Bᵃᵘ de l'habillement, etc.

F

ATTRIBUTIONS.	MINISTÈRES.	DIRECTIONS , ADMINISTRAT°ⁿˢ, DIVISIONS.	BUREAUX.
FERRAGE (gendarmerie).	Guerre.	Direction du personnel et des opéra-tions militaires.	Bᵘ de la gen-darmerie.
FÊTES publiques (surveillance administra-tive, mesures d'ordre).	Intérieur.	Division de la police générale.	1ᵉʳ.
— publiques (surveillance administrative, etc. dans le département de la Seine).		Préfecture de police, secrétariat général.	2ᵉ bᵘ ; 1ʳᵉ sectᵒⁿ.
— publiques (dépenses au compte des com-munes).	Intérieur.	Administration départementale et com-munale.	4ᵉ.
— religieuses (réglemens sur le chômage).	Just. et cult.	Division du culte catholique.	1ᵉʳ.
FIACRES (police, numérotage à Paris).		Préfecture de police, 2ᵉ division.	3ᵉ.
FILLES publiques (inscriptions, police, à Pa-ris).		Préfecture de police , 1ʳᵉ division.	2ᵉ.
FINANCES du royaume (bilan de l'admi-nistration générale , rédactions des états-généraux).	Finances.	Administration centrale, direction de la comptabilité générale.	Bᵘ central.
— (tenue du journal et du grand livre).	Id.	Id.	Id.
— (opérations centrales).	Id.	Id.	Id.
— (examen primitif du contentieux).	Id.	Id.	Bᵘ d'ordre et de correspond.
— (contentieux).	Id.	Administration centrale, direction du contentieux.	Bᵘ central.

ATTRIBUTIONS.	MINISTÈRES.	DIRECTIONS, ADMINISTRAT^{ons}, DIVISIONS.	BUREAUX.
FINANCES (questions générales).	Finances.	Administration centrale , secrétariat général.	3ᵉ.
— (correspondance générale).	Id.	Administration centrale, direction du mouvement général des fonds.	1ᵉʳ.
— (correspondance avec les préposés extérieurs).	Id.	Id.	2ᵉ.
— (subventions aux administrations financières).	Id.	Id.	2ᵉ.
— (résidence des comptables).	Id.	Administration centrale, secrétariat particulier.	1ʳᵉ section.
— (responsabilité, réglemens des comptables).	Id.	Administration centrale, direction de la comptabilité générale.	Bᵘ d'ordre et de correspond.
— (situation contradictoire journalière).	Id.	Administration centrale, trésor public.	Contrôle cent.
— (procès-verbaux des envois de fonds).	Id.	Id. Id.	Id.
— (contrôle de la comptabilité des receveurs généraux et particuliers).	Id.	Administration centrale, direction de la comptabilité générale.	Bᵘ de la compt. des recev. gén.
— (contrôle de la comptabilité des receveurs des revenus indirects).	Id.	Id.	Bᵘ de la compt. des recev. des rev. indirects.
— (contrôle de la comptabilité des payeurs)	Id.	Id.	Bᵘ de la compt. des payeurs.

ATTRIBUTIONS.	MINISTÈRES.	DIRECTIONS, ADMINISTRAT^{ons}, DIVISIONS.	BUREAUX.
FINANCES (situation des ressources et des besoins):	Finances.	Administration centrale , direction du mouvement général des fonds.	1er.
— (distributions mensuelles, paiemens sur mandats ministériels).	Id.	Id.	1re.
— (application générale des recettes aux dépenses publiques).	Id.	Id.	2e.
— (comptes courans des receveurs généraux, payeurs et préposés extérieurs).	Id.	Id.	2e.
— (achats et ventes d'inscriptions de rentes et effets publics pour le compte d'habitans des départemens).	Id.	Id.	1er.
— (paiemens sur ordonnances directes des ministres).	Id.	Administration centrale, caisse centrale du trésor public.	B^{au} du payeur central.
— (paiemens sur mandats des intendans et sous-intendans militaires).	Id.	Id.	Id.
— (paiemens sur mandats des directeurs d'artillerie, du génie, etc.).	Id.	Id.	Id.
— (paiemens sur mandats du préfet de la Seine et du préfet de police.)	Id.	Id.	Id.
— (paiemens sur mandats des directeurs des administrations financières).	Id.	Id.	Id.

ATTRIBUTIONS.	MINISTÈRES.	DIRECTIONS, ADMINISTRAT^{ons}, DIVISIONS.	BUREAUX.
FINANCES (présentation pour tous les emplois à la nomination du roi).	Finances.	Administration centrale , secrétariat particulier.	1re section.
— (nomination à tous les emplois au choix du ministre, tant pour l'administration centrale que pour toutes les autres administrations qui en dépendent).	Id.	Id.	Id.
— (examen annuel).		Cour des comptes.	
— (hautes délibérations).		Le roi et les chambres.	
FLEUVES (juridiction administrative).	Intérieur.	Direction générale des ponts-et-chaussées, section de la navigation.	2e.
FLOTTAGE des bois (juridiction administrative).	Id.	Id.	2e.
— des bois dans le département de la Seine).		Préfecture de police, 2e division.	1er.
FOIRES (établissement, changement, police, etc.).	Commerce.	Administration de l'industrie agricole et commerciale.	1er.
— (droits de location de places).	Intérieur.	Administration départementale et communale.	4e.
FONCTIONNAIRES publics (décisions sur mises en jugement des).		Conseil d'état.	Comité de législation , etc.

ATTRIBUTIONS.	MINISTÈRES.	DIRECTIONS, ADMINISTRAT^{ons}, DIVISIONS.	BUREAUX.
FONDATIONS pieuses (décisions sur l'acceptation, l'emploi, etc.).	Just. et cult.	Division du culte catholique.	3e.
FONDERIES de la guerre.	Guerre.	Direct. du personnel et des opérations militaires.	B^{au} de l'artiller.
— de la marine.	Marine.	Direction des ports.	B^{au} du matériel de l'artillerie.
FONDOIRS (autorisations d'établissement).	Commerce.	Administration de l'industrie agricole et commerciale.	4e.
— (id. dans le département de la Seine).		Préfecture de police, 2e division.	1er.
FONTAINES (érection des).	Intérieur.	Division des beaux-arts.	1er.
— (dépenses par les communes pour établissement).	Id.	Administration départementale et communale.	4e.
— (dépenses dans le département de la Seine).		Préfecture de la Seine, 1re division.	1er.
— de Paris (service des).		Id. 2e division.	2e.
— id. (surveillance).		Préfecture de police, 2e division.	3e.
FORÇATS (régime général).	Marine.	Direction des ports.	B^{au} des chiourmes.
— libérés (surveillance légale, domicile, etc.).	Intérieur.	Division de la police générale.	2e.

ATTRIBUTIONS.	MINISTÈRES.	DIRECTIONS. ADMINISTRAT^{ons}, DIVISIONS.	BUREAUX.
FORÇATS libérés (surveillance légale, domicile, etc. dans le départ. de la Seine).		Préfecture de police, 1re division.	1er.
FORÊTS (personnel des agens supérieurs de l'administration des).	Finances.	Administration centrale, secrétariat particulier.	1re section.
— (personnel des agens inférieurs de l'administration).	Id.	Administration des forêts, 1re division.	Bureau du personnel.
— (aménagement, abornement).	Id.	Id. 2e division.	Matériel.
— (dévastations, délits, contentieux général).	Id.	Id. 3e division.	Contentieux.
— (demandes en dépaissance pour les bêtes à laine).	Id.	Id. Id.	Id.
— (concessions de droits en faveur des communes).	Id.	Id. Id.	Id.
— (usage par les communes des droits concédés).	Intérieur.	Administration départementale et communale.	3e.
— (dépenses et rentrées générales).	Finances.	Administration des forêts, 1re division.	Comptabilité.
— (suite des affaires y relatives).	Id.	Administration centrale, secrétariat général.	3e bureau, 1re section.
—(bâtimens à proximité des) autorisations.	Id.	Administration des forêts, 3e division.	Contentieux.
— des communes (aménagement, défrichement, ventes, etc.)	Intérieur.	Administration départementale et communale.	3e.

ATTRIBUTIONS.	MINISTÈRES.	DIRECTIONS, ADMINISTRAT[ons], DIVISIONS.	BUREAUX.
FORÊTS des communes (coupes, rentrées des produits).	Intérieur.	Administration départementale et communale.	4e.
— de la couronne (régie administrative).	Intend[ce] g[le] de la list.civ.	Conservation des forêts.	
— poursuite à l'occasion des délits, (Seine).		Préfect. de la Seine, 1re division.	3e.
— (école des).	Finances.	Administration des forêts, 2e division.	Matériel.
FORGES (hautes), autorisations d'établissement.	Intérieur.	Direct. générale des ponts-et-chaussées, division des mines.	B[au] des mines.
FORTIFICATIONS (direction des travaux).	Guerre.	Direction du personnel et des opérations militaires.	B[au] du génie.
— (acquisitions, expropriations pour les).	Id.	Id.	Id.
— (acquisitions, expropriations dans le département de la Seine).		Préfecture de la Seine, 1re division.	3e.
FOSSES d'aisance (travaux de salubrité, d'entretien, surveillance dans le département de la Seine).		Préfecture de police, 2e division.	2e.
— vétérinaires (autorisations dans le département de la Seine).		Id. Id.	4e.
FOURNEAUX (hauts-), autorisations d'établissement.	Intérieur.	Direction générale des ponts et chaussées, division des mines.	B[au] des mines.
FOURRAGES (approvisionnemens généraux, etc.).	Commerce.	Administration de l'industrie agricole et commerciale.	3e.

ATTRIBUTIONS.	MINISTÈRES.	DIRECTIONS, ADMINISTRAT^{ons}, DIVISIONS.	BUREAUX.
FOURRAGE pour les chevaux des troupes (achats, etc.).	Guerre.	Direction de l'administration.	B^{au} des subsistances milit.
— (surveillance des magasins dans le département de la Seine).		Préfecture de police, 2e division.	1er.
FOURRIÈRE de Paris pour les voitures, etc. (contraventions).		Id. Id.	3e.
— de Paris pour les voitures, etc. (liquidation des frais par les réclamans).		Id. 1re division.	3e.
FOURS à chaux et à plâtre (autorisations d'établissement).	Commerce.	Adm. de l'ind. agricole et commerciale.	5e.
— à chaux et à plâtre (autorisations d'établissement dans le dép. de la Seine).		Préfecture de police, 2e division.	4e.
FRANCHISE des lettres, etc.	Finances.	Administration des postes, 2e division.	B^{au} de la correspond. intér.
FRANCS-BORDS (recouvrem. des produits).	Id.	Adm. des contributions indirectes.	
FRAUDE des octrois (régie de surveillance).	Id.	Id.	
— id. id. dans le département de la Seine).		Préfecture de police, secrétariat général.	2e b^{au}, 2e sect.
FRONTIÈRES (démarcation territoriale).	Intérieur.	Administration départementale et com.	1er.
— (défense).	Guerre.	Direction du personnel et des opérations militaires.	B^{au} des opérations milit.
— circulation dans le rayon des 4 lieues.	Finances.	Administration des douanes, 3e division.	1er.

ATTRIBUTIONS.	MINISTÈRES.	DIRECTIONS, ADMINISTRAT°⁰ˢ, DIVISIONS.	BUREAUX.
GARAGE des bateaux (à Paris).		Préfecture de police, 2ᵉ division.	1ᵉʳ.
GARAGES pour usines, etc.	Intérieur.	Direction générale des ponts-et-chaussées , section de la navigation.	2ᵉ.
GARANTIE (certificats aux essayeurs des bureaux de).	Finances.	Commission des monnaies.	
— (droits de) sur les matières d'or et d'argent.	Id.	Administration des contributions indirectes.	
— (surveillance dans le département de la Seine).		Préfecture de police, 1ʳᵉ division.	1ᵉʳ.
GARDE municipale (administration générale).	Guerre.	Direction du personnel et des opérations militaires.	Bᵃᵘ de la gendarmerie.
— (direction administrative).		Préfecture de police, secrétariat général.	
— (présentation aux grades, au ministre de la guerre).	Intérieur.	Cabinet particulier du ministre.	
— (présentation aux grades, au ministre de l'intérieur, pour les officiers).		Préfecture de police, secrétariat général.	1ᵉʳ bᵃᵘ, 1ᵉˢ sect.
— (présentation aux grades, au ministre de l'intérieur, pour les sous-officiers).		Id.	2ᵉ id.
— (dépôt des caisses à trois clés).		Id. comptabilité.	Caisse.
— (établissement du budget du corps).		Préfecture de police, secrétariat général.	2ᵉ bᵃᵘ, 1ʳᵉ sect.
— (casernement).		Préfecture de la Seine, 3ᵉ division.	3ᵉ.

ATTRIBUTIONS.	MINISTÈRES.	DIRECTIONS, ADMINISTRAT°ⁿˢ, DIVISIONS.	BUREAUX.
GARDE nationale (administration générale).	Intérieur.	Sous-secrétariat d'état.	Bᵃᵘ des gardes nationales.
— nationale, mobile et en corps détachés (assimilée en tout à la troupe de ligne).	Guerre.	Direction du personnel et des opérations militaires.	Bᵃᵘˣ de l'infant., de la caval. etc.
— nationale de Paris et de la banlieue (direction administrative).		Préfecture de la Seine, 3ᵉ division.	4ᵉ.
GARDES champêtres (questions sur leur nom ou leur révocation, leur traitem., etc.)	Intérieur.	Administration départementale et communale.	4ᵉ.
— chasse (questions y relatives).	Id.	Id.	4ᵉ.
— des forêts (personnel).	Finances.	Administration des forêts, 1ʳᵉ division.	Personnel.
— côtes (id.)	Guerre.	Direction du personnel et des opérations militaires.	Bᵃᵘ du génie.
— des canaux (id.)	Intérieur.	Direction générale des ponts-et-chaussées, secrétariat général.	Bureau du personnel.
— pêche (établissement, résidence), etc.	Finances.	Administration des forêts, 3ᵉ division.	Contentieux.
— magasins de la guerre (personnel).	Guerre.	Direction de l'administration.	Bᵃᵘ des subsistances milit.
— id. de la marine. (Id.)	Marine.	Direction des ports.	Bᵃᵘ des approvisionnemens.
— de commerce (personnel).	Commerce.	Administration de l'industrie agricole et commerciale.	1ᵉʳ.

ATTRIBUTIONS.	MINISTÈRES.	DIRECTIONS, ADMINISTRAT°ⁿˢ, DIVISIONS.	BUREAUX.
GARNISONS (établissement de).	Guerre.	Direction du personnel et des opérations militaires.	B^{au} des opérations milit.
— (ce qui s'y rapporte dans l'intérêt ou au compte des communes).	Intérieur.	Administration départementale et communale.	4ᵉ.
GAZ (autorisations pour usines).	Commerce.	Administration de l'industrie agricole et commerciale.	5ᵉ.
— (autorisations pour établissement de tuyaux sur la voie publique dans le département de la Seine).		Préfecture de la Seine, 2ᵉ division.	2ᵉ.
— (surveillance sous le rapport de la sûreté publique dans le département de la Seine).		Préfecture de police, 2ᵉ division.	4ᵉ.
GENDARMERIE (administration générale).	Guerre.	Direction du personnel et des opérations militaires.	B^{au} de la gendarmerie.
— (casernement, literie, gratifications pour reprise de condamnés évadés).	Intérieur.	Administration départementale et communale.	2ᵉ.
— (ses rapports de police administrative avec le ministère de l'intérieur).	Id.	Division de la police générale.	1ᵉʳ.
— de la Seine (casernement, etc.).		Préfecture de la Seine, 3ᵉ division.	3ᵉ.
— de marine (personnel, etc.).	Marine.	Direction du personnel.	B^{au} de la gendarmerie.

ATTRIBUTIONS.	MINISTÈRES.	DIRECTIONS , ADMINISTRAT^{ons} , DIVISIONS.	BUREAUX.
GÉNIE militaire (personnel, etc.).	Guerre.	Direction du personnel et des opérations militaires.	B^{au} du génie.
— maritime (id.)	Marine.	Direction du personnel.	B^{au} des officiers de vaisseau.
GEOLAGE (détenus civils), tout ce qui s'y rapporte.	Intérieur.	Administration départementale et communale.	2e.
— (détenus militaires), tout ce qui s'y rapporte.	Guerre.	Direction de l'administration.	B^{au} des transports.
GITES militaires (régie administrative).	Id.	Id.	Id.
— id. (questions, etc., dans l'intérêt des communes).	Intérieur.	Administration départementale et communale.	1er.
GLACES (enlèvement dans le département de la Seine).		Préfecture de police, 2e division.	1er.
— (dépenses pour enlèvement dans le département de la Seine).		Préfecture de police, comptabilité.	Caisse.
GLANAGE (réglemens du).	Commerce.	Administration de l'industrie agricole et commerciale.	3e.
GOBELINS (manufacture royale), administration.	Intend. gén. de la liste c.	Direction des manufactures royales.	
GOEMON (pêche ou récolte du), réglemens.	Commerce.	Administration de l'industrie agricole et commerciale.	3e.

ATTRIBUTIONS.	MINISTÈRES.	DIRECTIONS, ADMINISTRAT°ⁿˢ, DIVISIONS.	BUREAUX.
GOEMON (partage par les communes).	Intérieur.	Administration départementale et communale.	3ᵉ.
GORÉE (île de), colonie française (administration).	Marine.	Direction des colonies.	Bᵃᵘ de législat.
GOURMETS, piqueurs de vins (dans le département de la Seine), nominations.		Préfecture de police, secrétariat général.	1ᵉʳ bᵃᵘ, 2ᵉ sect.
GRACES (recours en).	Just. et cult.	Division des affaires criminelles et des graces.	2ᵉ.
— (id) pour les condamnés militaires.	Guerre.	Direction du personnel et des opérations militaires.	Bᵃᵘ de la justice militaire.
— (recours en) pour condamnés de la marine royale).	Marine.	Direction des ports.	Bᵃᵘ de la police de la navigatᵒⁿ.
GRADES dans l'armée (nominations, commissions, etc.).	Guerre.	Direction du personnel et des opérations militaires.	Bᵃᵘ compétent du corps.
— dans la marine royale (nominations, commissions, etc.).	Marine.	Direction du personnel.	Id.
GRAINS (situation, importations et exportations, mercuriales, entrepôts, etc.).	Commerce.	Administration de l'industrie agricole et commerciale.	4ᵉ.
GRAND-LIVRE de la comptabilité générale des finances du royaume (tenue du).	Finances.	Administration centrale, direction de la comptabilité générale.	Bᵃᵘ central.
— (écritures sur le).	Id.	Administration centrale, direction de la dette inscrite.	1ᵉʳ.

ATTRIBUTIONS.	MINISTÈRES.	DIRECTIONS, ADMINISTRAT°ⁿˢ, DIVISIONS.	BUREAUX.
GRATIFICATIONS d'entrée en campagne.	Guerre.	Direction de l'administration.	Bᵃᵘ de la solde.
— aux employés (dans chaque-ministère), décisions.		Secrétariat général.	Bᵃᵘ central.
— aux employés (id). paiement.		Division de la comptabilité générale.	Id.
GRATIFICATIONS pour reprise de condamnés évadés.	Intérieur.	Administration départementale et communale.	2ᵉ.
GRAVURES (dépôt légal pour la bibliothèque royale, surveillance, etc.).	Id.	Division des beaux-arts.	3ᵉ.
— (souscriptions aux).	Id.	Id.	1ᵉʳ.
— (autorisations pour étalage de vente, à Paris).		Préfecture de police, secrétariat général.	2ᵉ bᵃᵘ, 1ʳᵉ sect.
GRÊLE (secours pour pertes résultant de la).	Commerce.	Division de la comptabilité générale.	Bᵃᵘ des secours.
GUADELOUPE (colonie française), administration.	Marine.	Direction des colonies.	Bᵃᵘ de législation.
GUERRE (administration générale).	Guerre.	Directions du personnel et des opérations militaires, de l'administration, etc.	Bᵃᵘˣcompétens.
— (contentieux).		Conseil d'état.	Comité de la guerre.
— (bulletin, journal).	Id.	Secrétariat général.	Bᵃᵘ des lois et archives.

ATTRIBUTIONS.	MINISTÈRES.	DIRECTIONS, ADMINISTRAT^{on}, DIVISIONS.	BUREAUX.
GUERRE (correspondance judiciaire).	Guerre.	Direction du personnel et des opérations militaires.	B^{au} de la justice militaire.
— (infanterie, cavalerie, arsenaux, génie, écoles, recrutement, justice, etc.).	Id.	Direction du personnel et des opérations militaires.	B^{aux} de l'infant. de la caval., du génie, etc.
— (personnel général.)	Id.	Direction du personnel, etc.	B^{aux} de la caval., de l'infant., du génie, etc.
— (armemens.)	Id.	Direction du personnel et des opérations militaires.	Bureau de l'artillerie.
— (solde, habillement, subsistances, hôpitaux, lits, équipages, etc.	Id.	Direction de l'administration.	B^{aux} de la solde, de l'habillement, etc.
GUYANE française (colonie), administration.	Marine.	Direction des colonies, bureau de législation, etc.	
GYMNASE normal militaire.	Guerre.	Direction du personnel et des opérations militaires.	B^{au} de l'infant. et des écoles militaires.
GYMNASES régimentaires.	Id.	Id.	Id.

ATTRIBUTIONS.	MINISTÈRES.	DIRECTIONS, ADMINISTRAT^{ons}, DIVISIONS.	BUREAUX.
HABILLEMENT des troupes (personnel et matériel du service).	Guerre.	Direction de l'administration.	B^{au} d'habille- ment.
HALLAGE (ports et chemins de).	Intérieur.	Direction générale des ponts-et-chaus- sées, section de la navigation.	2e.
— (ports et chemins dans le département de la Seine).		Préfecture de police, 2e division.	1er.
HALLES (établissement, dépenses, entre- tien, droits de places, etc.).	Intérieur.	Administration départementale et com- munale.	4e.
— (établissement par traités, locations, ventes, échanges).	Id.	Id.	3e.
— (autorisation d'établissement sous le rapport de la salubrité).	Commerce.	Administration de l'industrie agricole et commerciale.	5e.
— (établissement, dépenses, surveillance et contrôle de la perception des droits dans le département de la Seine).		Préfecture de la Seine, 1re division.	1er.
— (perception des droits, personnel des agens dans le département de la Seine).		Préfecture de police, secrétariat génér.	1er B^{au}, 2e sect.
— travaux, entretien (Seine).		Préfecture de la Seine, 2e division.	3e.
— examen sanitaire (id.).		Préfecture de police.	Cons. de salub.
HARAS (régie administrative).	Commerce.	Secrétariat général.	B^{au} des haras.

ATTRIBUTIONS.	MINISTÈRES.	DIRECTIONS, ADMINISTRAT[ons], DIVISIONS.	BUREAUX.
HARAS (ordonnancement des dépenses).	Commerce.	Division de la comptabilité générale.	B[au] des ordon. et des comptes.
HARENG (pêche du) primes.	Id.	Administration de l'industrie agricole et commerciale.	1er.
— (police des équipages de pêche).	Marine.	Direction des ports.	Bureau des mouvemens.
— (vérification des produits au retour).	Finances.	Administration des douanes, 2e division.	1er.
HARNACHEMENT (pour tous les corps de l'armée, excepté la gendarmerie).	Guerre.	Direction de l'administration.	B[au] de l'habill.
— (pour la gendarmerie).	Id.	Direction du personnel et des opéra-tions militaires.	B[au] de la gen-darmerie.
— changemens ou rectifications (troupes).	Id.	Direction de l'administration.	B[au] de l'habill.
HAUTS fourneaux (autorisations, etc.).	Intérieur.	Direction générale des ponts-et-chaus-sées, division des mines.	B[au] des mines.
HERBORISTERIE (id.)	Instr. publ.	Troisième division.	B[au] des sciences et let., 2e sect.
— (surveillance dans le département de la Seine).		Préfecture de police, 2e division.	4e.
HISTOIRE de France (recherche et publica-tion des documens inédits).	Inst. pub.	Troisième division.	B[au] des sciences et lettres 3e sect.
HOPITAUX civils (personnel administratif et médical, admissions gratuites).	Intérieur.	Secrétariat général.	B[au] des secours.

ATTRIBUTIONS.	MINISTÈRES.	DIRECTIONS, ADMINISTRAT^{ons}, DIVISIONS.	BUREAUX.
HOPITAUX (admissions moyennant finances).	Intérieur.	Administration départementale et communale.	5e.
— civils (comptabilité, travaux).	Id.	Id.	5e.
— (acquisitions, ventes, échanges, réglemens, administration).	Id.	Id.	5e.
— militaires (administration générale).	Guerre.	Direction de l'administration.	B^{au} des hôpit.
— de la marine (id.).	Marine.	Direction des ports.	Id.
— (administration générale dans le département de la Seine).		Préfecture de la Seine, 3e division.	2e.
— (examen des individus qui demandent leur admission dans le département de la Seine).		Préfecture de police, 1re division.	2e.
HORLOGERIE (élèves aux frais de l'État).	Commerce.	Administration de l'industrie agricole et commerciale.	2e.
HOSPICES (personnel administratif et médical, admissions gratuites).	Intérieur.	Secrétariat général.	B^{au} des secours.
— (secours sur le fonds alloué au budget).	Id.	Id.	Id.
— (acquisitions, ventes, échanges, comptabilité générale, inspections, réglemens, admissions moyennant finances).	Id.	Administration départementale et communale.	5e.

ATTRIBUTIONS.	MINISTÈRES.	DIRECTIONS, ADMINISTRAT^{ons}, DIVISIONS.	BUREAUX.
HOSPICES (Seine), régime général.		Préfecture de la Seine, 3e division.	2e.
— id. admission aux places à la nomination du préfet de police.		Préfecture de police.	Cabinet particulier.
HOTEL-DE-VILLE de Paris (réparations, entretien, etc.).		Préfecture de la Seine, 2e division.	3e.
HOTEL royal des Invalides (administration générale).	Guerre.	Secrétariat général.	Bureau du secrétariat.
HOTELS de ville (constructions, réparations, entretien, etc.).	Intérieur.	Administration départementale et communale.	4e.
— des communes rurales du département de la Seine (constructions, réparations, entretien, etc.).		Préfecture de la Seine, 2e division.	3e.
— de tous les ministères (ameublement, entretien, dépenses), dans chacun.		Division de la comptabilité générale.	Bureau des comptes.
— garnis dans le département de la Seine (autorisations, surveillance, etc.).		Préfecture de police, 1re division.	4e.
HUILES (inspection et entrepôt dans le département de la Seine).	Finances.	Octroi de Paris.	
HUISSIERS (personnel).	Just. et cult.	Division du personnel.	2e.
— surveillance particulière et discipline (dans chaque localité).		Chambre de discipline des huissiers.	

ATTRIBUTIONS.	MINISTÈRES.	DIRECTIONS, ADMINISTRAT^{ons}, DIVISIONS.	BUREAUX.
HYGIÈNE publique (régie administrative générale).	Commerce.	Secrétariat général.	B^{au} des établiss. sanitaires.
— id. dans le département de la Seine (régie administrative).		Préfecture de police.	Conseil de salubrité.
HYPOTHÈQUES (conservation des).	Finances.	Administration de l'enregistrement et des domaines.	3e sous-direct.
—.(suite des affaires y relatives).	Id.	Administration centrale, secrétariat général.	3e.
— (crédits sur).		Caisse hypothécaire.	

ATTRIBUTIONS.	MINISTÈRES.	DIRECTIONS, ADMINISTRAT^{ons}, DIVISIONS.	BUREAUX.
ILES formées par l'abaissement ou le retrait des eaux (prise de possession).	Finances.	Administration de l'enregistrement et des domaines.	4ᵉ sous-direct.
ILOTS formés par l'abaissement ou le retrait des eaux (prise de possession).	Id.	Id.	Id.
IMPORTATION (brevets d').	Commerce.	Administration de l'industrie agricole et commerciale.	2ᵉ.
— id. dans le département de la Seine.		Préfecture de la Seine, secrétariat général.	1ʳᵉ section.
— (prix régulateurs des droits d').	Id.	Administration de l'industrie agricole et commerciale.	4ᵉ.
— (états généraux).	Finances.	Administration des douanes, 4ᵉ division.	1ᵉʳ.
— (centralisation des documens y relatifs).	Commerce.	Conseil supérieur du commerce, secrétariat général.	2ᵉ.
IMPORTATIONS de grains (régie administrative).	Id.	Administration de l'industrie agricole et commerciale.	4ᵉ.
— d'armes (régie administrative).	Finances.	Administration des douanes, 4ᵉ division.	1ᵉʳ.
— de livres id.	Id.	Id.	1ᵉʳ.
— id. (inspection, surveillance).	Intérieur.	Division des beaux-arts.	3ᵉ.
IMPOSITIONS départementales (établissement et emploi).	Intérieur.	Administration départementale et communale.	2ᵉ.
— communales (établissement et emploi).	Id.	Id.	4ᵉ.

ATTRIBUTIONS.	MINISTÈRES.	DIRECTIONS, ADMINISTRAT^{ons}, DIVISIONS.	BUREAUX.
IMPOSITIONS dans le département de la Seine (établissement et emploi).		Préfecture de la Seine, 4e division.	1er.
IMPOT indirect (assiette, mode de perception, statistique, contentieux, etc.).	Finances.	Administ. des contributions indirectes.	
— direct (assiette, mode de perception, statistique, contentieux, etc.).	Id.	Direction des contributions directes.	2e.
— (régime général dans le département de la Seine).		Préfecture de la Seine, 4e division.	1er.
IMPRESSIONS typographiques (surveillance, régime administratif général).	Intérieur.	Division des beaux-arts.	3e.
— typographiques (surveillance particulière dans le département de la Seine.)		Préfecture de police, secrétariat général.	2e bureau, 1re section.
— générales administratives (confection des).	Just. et cult.	Direction de l'imprimerie royale.	B^{au} du service actif.
— orientales (commission pour la direction des).	Id.	Id.	
— orientales (confection des).	Id.	Id.	B^{au} du service actif.
— gratuites (commission pour l'examen des ouvrages).	Id.	Id.	
— gratuites (confection des).	Id.	Id.	B^{au} du service actif.

ATTRIBUTIONS.	MINISTÈRES.	DIRECTIONS , ADMINISTRAT°⁰ˢ, DIVÍSIONS.	BUREAUX.
IMPRIMERIE (juridiction administrative gé-nérale.	Intérieur.	Division des beaux-arts.	3ᵉ.
— (exécution des lois et réglemens, sur-veillance particulière dans le dépar-tement de la Seine).		Préfecture de police, secrétariat géné-ral.	2ᵉ b^au, 1re sect.
— royale (administration).	Just. et cult.	Direction de l'imprimerie royale.	
INCENDIE (secours pour pertes par suite d').	Commerce.	Division de la comptabilité générale.	Bureau des se-cours.
— (compagnies d'assurances contre l'), autorisations, réglemens, etc.	Id.	Administration de l'industrie agricole et commerciale.	1ᵉʳ.
— (surveillance, matériel des secours dans le département de la Seine).		Préfecture de police, 2ᵉ division.	3ᵉ.
INDE (régie administrative des établissemens français dans l').	Marine.	Direction des colonies.	B^aux de législa-tion, etc.
INDEMNITÉS aux colons de St-Domingue (loi du 30 avril 1826).	Finances.	Administration centrale, direction du contentieux.	B^au central.
— aux condamnés politiques sous la res-tauration.	Intérieur.	Secrétariat général.	Id.
— aux émigrés (établissement du passif à imputer sur les liquidations).	Finances.	Administration centrale, secrétariat général.	1ᵉʳ.
INDEMNITÉS (secours) aux colons.	Commerce.	Division de la comptabilité générale.	B^au des secours.

ATTRIBUTIONS.	MINISTÈRES.	DIRECTIONS, ADMINISTRAT^{ons}, DIVISIONS.	BUREAUX.
INDEMNITÉS de logement aux artistes.	Intérieur.	Division des beaux-arts.	1er.
— aux curés pour double service ou binage.	Just. et cult.	Division du culte catholique.	3e.
— de route aux militaires.	Guerre.	Direction de l'administration.	B^{au} des transports, etc.
— de première monture aux sous-officiers promus officiers.	Id.	Direction du personnel et des opérations militaires.	B^{au} de la caval.
— aux employés réformés de la guerre.	Id.	Direction des fonds de la comptabilité générale.	B^{au} des pensions.
— aux employés réformés (dans chaque ministère).		Division de la comptabilité générale.	B^{au} des compt.
— aux communes pour frais d'invasion, de guerre, d'émeutes (paiement).	Intérieur.	Id.	3e.
— aux communes pour frais d'invasion etc., (rentrées).	Id.	Administration départementale et communale.	4e.
— aux militaires blessés lors des événemens de juin (réglemens, répartition, etc.).	Id.	Secrétariat général.	B^{au} central.
INDIGENS (distributions mensuelles sur les fonds généraux alloués au budget).	Id.	Id.	B^{au} des secours.
— (distributions à domicile, à Paris).		Préfecture de la Seine, 3e division.	2e.

ATTRIBUTIONS.	MINISTÈRES	DIRECTIONS, ADMINISTRAT°ᴺˢ, DIVISIONS.	BUREAUX.
INDIGENS (travaux communaux pour occu- per les).	Intérieur.	Administration départementale et com- munale.	4ᵉ.
— des bureaux de bienfaisance (régime administratif).	Id.	Id.	5ᵉ.
— à Paris (secours particuliers de tout genre).		Société philantropique.	
— (à Paris), conseils gratuits en fait de pro- cédure.		Bibliothèque de l'ordre des avocats.	
— malades (secours de tout genre, à Pa- ris).		Société médico-philantropique.	
INVIDUALITÉ question d' (Seine).		Préfecture de police, 1ʳᵉ division.	2ᵉ.
INDUSTRIE (régime administratif général).	Commerce.	Administration de l'industrie agricole et commerciale.	1ᵉʳ.
— (exposition des produits de l'), régie ad- ministrative.	Id.	Id.	1ᵉʳ.
— (exposition des produits à Paris), régie particulière.		Préfecture de la Seine, 3ᵉ division.	1ᵉʳ.
INFANTERIE (troupes), administration gé- nérale.	Guerre.	Direction du personnel et des opérations militaires.	Bureau de l'in- fanterie.
INFIRMIERS militaires (personnel).	Id.	Direction de l'administration.	Bᵃᵘ des hôpit.
INGÉNIEURS des ponts-et-chaussées et des mines (personnel).	Intérieur.	Direction générale des ponts-et-chaus- sées, secrétariat général.	Bureau du per- sonnel.

ATTRIBUTIONS.	MINISTÈRES.	DIRECTIONS, ADMINISTRAT^{ons}, DIVISIONS.	BUREAUX.
INGÉNIEURS de la guerre (personnel).	Guerre.	Direction du personnel et des opérations militaires.	B^{au} du génie.
— de la marine (id).	Marine.	Direction du personnel.	B^{au} des officiers de vaisseau.
INHUMATIONS (concessions de terrains, établissement, changement, police des lieux d').	Intérieur.	Administration départementale et communale.	4e.
— (concessions de terrains, établissement, changement, police des lieux d'), dans le département de la Seine.		Préfecture de la Seine, 1re division.	1er.
— (surveillance, dans le département de la Seine).		Préfecture de police, 2e division.	4e.
INONDATIONS (travaux généraux contre les).	Intérieur.	Dir^{on} générale des ponts-et-chaussées, section de la navigation.	2e.
— (secours pour pertes résultant des).	Commerce.	Division de la comptabilité générale.	B^{au} des secours
INSALUBRES (établissemens), régie administrative.	Id.	Administration de l'industrie agricole et commerciale.	5e.
— (établissemens), régie sanitaire dans le département de la Seine.		Préfecture de police.	Conseil de salubrité.
— (établissemens), autorisations, surveillance dans le département de la Seine.		Préfecture de police, 2e division.	4e.

ATTRIBUTIONS.	MINISTÈRES.	DIRECTIONS, ADMINISTRAT^{ons}, DIVISIONS	BUREAUX.
INSCRIPTION maritime.	Marine.	Direction du personnel.	B^{au} du recrut. des équipages.
INSCRIPTIONS de rentes sur le grand livre.	Finances.	Administration centrale, direction de la dette inscrite.	1er.
— Id. Id. (transferts et mutations).	Id.	Id.	2e.
— de rentes sur le grand livre (oppositions, pertes d'extraits, contentieux général).	Id.	Id.	B^{au} central.
— hypothécaires du trésor (conservation et recouvrement).	Id.	Administration centrale, direction du contentieux.	Id.
— hypothécaires générales.	Id.	Administration de l'enregistrement et des domaines.	3e sous-direction.
— funèbres dans les églises (autorisations pour).	Just. et cult.	Division du culte catholique.	3e.
INSENSÉS (régime général dans les hospices).	Intérieur.	Administration départementale et communale.	5e.
— indigens (dépenses pour traitement au compte des départemens).	Id.	Id.	2e.
— (régie dans les hospices du département de la Seine).		Préfecture de la Seine, 3e division.	2e.

ATTRIBUTIONS.	MINISTÈRES.	DIRECTIONS, ADMINISTRAT°ⁿˢ, DIVISIONS.	BUREAUX.
INSENSÉS (surveillance dans le département de la Seine).		Préfecture de police, 1ʳᵉ division.	3ᵉ.
INSOUMIS (recherches, poursuites, etc.).	Guerre.	Direction du personnel et des opéra-tions militaires.	Bᵃᵘ de la justice militaire.
INSPECTEURS des académies (personnel).	Instr. publ.	Première division.	1ᵉʳ.
— des arsenaux (id.)	Guerre.	Direction du personnel et des opéra-tions militaires.	Bᵃᵘ du génie.
— de l'artillerie. (Id.)	Id.	Id.	Bᵃᵘ de l'artill.
— des boissons. (Id.)	Finances.	Administration des contributions indi-rectes.	
— des consistoires. (Id.)	Just. et cult.	Division des cultes non catholiques.	Bᵃᵘ des cultes non catholique
— des contributions directes. (Id.)	Finances.	Administration centrale , secrétariat particulier.	1ʳᵉ section.
— des contributions indirectes. (Id.)	Id.	Administration des contributions indi-rectes.	
— de l'enregistrement et des domaines (personnel).	Id.	Adm. centrale , secrétariat particulier.	1ʳᵉ section.
— des forêts (personnel).	Id.	Id.	Id.
— des haras. (Id.).	Commerce.	Secrétariat général.	Bᵃᵘ des haras.
— de la loterie. (Id.).	Finances.	Administration centrale , secrétariat particulier.	1ʳᵉ section.

ATTRIBUTIONS.	MINISTÈRES.	DIRECTIONS , ADMINISTRAT^{ons}, DIVISIONS.	BUREAUX.
INSPECTEURS des maisons centrales de détention (personnel).	Intérieur.	Administration départementale et communale.	2e.
— des mines (personnel).	Id.	Direction générale des ponts-et-chaussées, secrétariat général.	B^{au} du personnel.
— du pesage et mesurage (personnel).	Commerce.	Administration de l'industrie agricole et commerciale.	5e.
— du pesage et mesurage , à Paris (personnel).		Préfecture de la Seine, 1re division.	1er bureau.
— des ponts-et-chaussées (personnel).	Intérieur.	Direction générale des ponts-et-chaussées, secrétariat général.	B^{au} du personnel.
— des postes. (Id.)	Finances.	Administration centrale, secrétariat particulier.	1re section.
— des poudres et salpêtres. (Id.)	Guerre.	Direction du personnel et des opérations militaires.	B^{au} de l'artiller.
— des prisons. (Id.)	Intérieur.	Administration départementale et communale.	2e.
INSPECTEURS des carrières dans le département de la Seine (personnel).		Préfecture de la Seine, 2e division.	4e.
— des tabacs (personnel).	Finances.	Administration centrale, secrétariat particulier.	1re section.
— de l'université (personnel).	Instr. publ.	Première division.	1er.

ATTRIBUTIONS.	MINISTÈRES.	DIRECTIONS, ADMINISTRAT^{ons}, DIVISIONS.	BUREAUX.
INSPECTEURS des beaux-arts (personnel).	Intérieur.	Division des beaux-arts.	1er.
— aux revues, sous-intendans militaires (personnel).	Guerre.	Direction de l'administration.	B^{au} de l'intend. militaire.
— des eaux minérales (personnel).	Commerce.	Secrétariat général.	B^{au} des établiss. sanitaires.
— des antiquités et monumens nationaux (personnel).	Intérieur.	Division des beaux-arts.	1er.
— des services de bienfaisance (personnel).	Id.	Administration départementale et communale.	5e.
— généraux des finances (personnel).	Finances.	Administration centrale, secrétariat particulier.	1re section.
— id. de la couronne (Id.)	Int. gén. de la liste civ.	Direction générale.	
— id. de la guerre (Id.)	Guerre.	Direction du personnel et des opérations militaires.	B^{au} des opérat. militaires.
— id. de la marine (Id.)	Marine.	Direction du personnel.	B^{au} des officiers de vaisseau.
— id. des études (Id.)	Instr. pub.	Première division.	1er.
— id. des fortifications (Id.)	Guerre.	Direction du personnel et des opérations militaires.	B^{au} du génie.
— des chaînes de condamnés aux fers.	Intérieur.	Administration départementale et communale.	2e.

ATTRIBUTIONS.	MINISTÈRES.	DIRECTIONS, ADMINISTRAT^{ons}, DIVISIONS.	BUREAUX.
INSPECTEURS des enfans trouvés (pers¹).	Intérieur.	Administ. département. et communale.	5ᵉ.
— des boissons et huiles dans le département de la Seine (personnel).	Finances.	Octroi de Paris, 2ᵉ division.	
— des halles et marchés, à Paris (personnel).		Préfecture de police. 2ᵉ division.	1ᵉʳ.
— de la librairie et de l'imprimerie (personnel).	Intérieur.	Division des beaux-arts.	3ᵉ.
— de police, à Paris (personnel).		Préfecture de police, secrétariat général.	1ᵉʳ bᵃᵘ, 2ᵉ sect.
INSTITUT royal de France (régime administratif).	Instr. publ.	Troisième division.	Bᵃᵘ des sciences et let., 1ʳᵉ sect.
INSTITUTEURS (régime administratif).	Id.	Première division.	4ᵉ.
INSTITUTION royale de musique (régime administratif).	Intérieur.	Division des beaux-arts.	2ᵉ.
— royale des jeunes aveugles (régime administratif).	Id.	Id.	4ᵉ.
— des sourds-muets (régime administratif).	Id.	Id.	4ᵉ.
INSTITUTIONS de l'université (régime administratif).	Instr. publ.	Première division.	3ᵉ.
— de l'université (régie particulière dans le département de la Seine).		Préfecture de la Seine, 3ᵉ division.	1ᵉʳ.

ATTRIBUTIONS.	MINISTÈRES.	DIRECTIONS , ADMINISTRAT^{ons}, DIVISIONS.	BUREAUX.
INSTITUTIONS (pensions dans quelques), pour les jeunes filles.	Intérieur.	Division des beaux-arts.	1er.
INSTRUCTION publique (conseil royal).	Instr. publ.		
— id. (dépenses générales).	Id.	Division de la comptabilité générale.	1er.
— publique (administration générale).	Id.	Première division.	2e.
— secondaire supérieure (direction administrative).	Id.	Id.	2e.
— secondaire (direction administrative).	Id.	Id.	3e.
— primaire (direction administrative).	Id.	Id.	4e.
— publique, dans le département de la Seine (direction particulière).		Préfecture de la Seine, 3e division.	1er.
— surveillance dans le département de la Seine (direction administrative).		Préfecture de police , secrétariat général.	2e bau , 1re sect.
INTENDANS et sous-intendans militaires (personnel).	Guerre.	Direction de l'administration.	Bau de l'intend. militaire.
INTERPRÈTES près les tribunaux civils (personnel).	Just. et cul.	Division du personnel.	1er.
— près les tribunaux de commerce (personnel).	Commerce.	Administration de l'industrie agricole et commerciale.	1er.

ATTRIBUTIONS.	MINISTÈRES.	DIRECTIONS, ADMINISTRAT^{ons}, DIVISIONS.	BUREAUX.
INTERPRÈTES des armées (personnel).	Guerre.	Direction des fonds de la comptabilité générale.	Bureau du contrôle.
INVALIDES (administration de l'hôtel royal des).	Id.	Secrétariat général.	Bureau du secrétariat.
— de la marine (fonds des).	Marine.	Direction de la comptabilité des fonds et Invalides.	B^{au} des comptes et budgets.
— id. (commission supérieure des).	Id.	Secrétariat général.	
INVENTION (délivrance des brevets).	Commerce.	Administration de l'industrie agricole èt commerciale.	2e.
— id. dans le département de la Seine).		Préfecture de la Seine, secrétariat général.	1re section.
INVENTIONS industrielles (récompenses, encouragemens).	Id.	Administration de l'industrie agricole et commerciale.	2e.
— utiles (récompenses, encouragemens).		Académie française.	
IRRIGATIONS (travaux pour les).	Intérieur.	Direction générale des ponts-et-chaussées section de la navigation.	2e.
ISRAÉLITE (juridiction administrative du culte).	Just. et cult.	Division des cultes non catholiques.	B^{au} des cultes non cathol.

ATTRIBUTIONS.	MINISTÈRES.	DIRECTIONS, ADMINISTRAT°ⁿˢ, DIVISIONS.	BUREAUX.
JARDIN du roi (muséum d'histoire naturelle), administration.	Instr. publ.	Troisième division.	Bᵃᵘ des sciences et let., 1ʳᵉ sect.
JAUGEAGE public (régie administrative).	Commerce.	Administration de l'industrie agricole et commerciale.	5ᵉ.
— (dépenses d'établissement, droits au profit des communes).	Intérieur.	Administration départementale et communale.	4ᵉ.
— (Seine), personnel.		Préfecture de police, 2ᵉ division.	1ᵉʳ.
— id. surveillance et contrôle.		Préfecture de la Seine, 1ʳᵉ division.	1ᵉʳ.
— à domicile dans le département de la Seine.		Id.	1ᵉʳ.
— des navires du commerce et perception des droits.	Finances.	Administration des douanes, 2ᵉ division.	1ᵉʳ.
— maritime.	Marine.	Direction des ports.	Bᵃᵘ de la police de la navigat.
JETONS de jeux (fabrication des).	Finances.	Commission des monnaies et médailles.	
JEUNES détenus (régime, placement en apprentissage, etc.).	Intérieur.	Administration départementale et communale.	2ᵉ.
— soldats (appels, incorporations, etc.).	Guerre.	Direction du personnel et des opérations militaires.	Bureau du recrutement.
JEUX (autorisations pour les maisons de).	Intérieur.	Division de la police générale.	1ᵉʳ.

ATTRIBUTIONS.	MINISTÈRES.	DIRECTIONS, ADMINISTRAT^{ons}, DIVISIONS.	BUREAUX.
JEUX (à Paris) ferme des.		Préfecture de la Seine, division de la comptabilité.	3e.
— id. surveillance.		Préfecture de police, secrétariat gé-néral.	2e b^{au}, 1re sect.
— de hasard sur la voie publique (surveil-lance dans le département de la Seine).		Id. 1re division.	1er.
JOURNAL des savans (direction adminis-trative).	Just. et cult.	Division des affaires civiles et du sceau.	2e.
— militaire (id.)	Guerre.	Secrétariat général.	B^{au} des lois et archives.
— de la comptabilité générale des finan-ces (établissement du).	Finances.	Administration centrale. Direction de la comptabilité générale.	B^{au} central.
JOURNAUX politiques, littéraires, etc. (exécution des lois y relatives).	Intérieur.	Division des beaux-arts.	3e.
— politiques, littéraires, etc. (affranchis-sement des).	Finances.	Administration des postes, 3e division.	B^{au} de l'affran-chis. des journ.
— de la Marine (dépôt).	Marine.	Secrétariat général.	B^{au} des archiv.
JUGEMENT (mise en) des administrateurs et fonctionnaires publics.		Conseil d'état.	Comité de lé-gislation.
— (mise en) des membres des cours et tribunaux.		Cour de cassation.	

ATTRIBUTIONS.	MINISTÈRES.	DIRECTIONS. ADMINISTRAT^{ons}, DIVISIONS.	BUREAUX.
JUGEMENS des cours et tribunaux (recueil général des arrêts et).	Just. et cult.	Secrétariat général.	B^{au} des archiv.
— des cours et tribunaux (recueil général des arrêts et) pour la police administrative dans le département de la Seine.		Préfecture de police, 1re division.	1er.
— des cours et tribunaux (surveillance d'exécution).	Id.	Division des affaires criminelles et des graces.	1er.
— des conseils de guerre (envois, notifications, etc.).	Guerre.	Direction du personnel et des opérations militaires.	B^{au} de la justice militaire.
— des conseils de la marine royale (envois, notifications, etc.).	Marine.	Direction des ports.	B^{au} de la cor-resp. générale.
JUGES (personnel).	Just. et cult.	Division du personnel.	1er.
— (réglemens de) sur conflits entre cours et tribunaux.		Cour de cassation.	
— (censure et discipline).		Id.	
JUIFS (juridiction administrative du culte).	Just. et cult.	Division des cultes non catholiques.	B^{au} des cultes non catholiq.
JUILLET (ordre de) croix et médailles, surveillance des orphelins et orphelines, etc.	Intérieur.	Sous-secrétariat d'état.	B^{au} des gardes nationales.
— (pensions aux blessés, aux veuves, etc.)	Finances.	Administration centrale. Trésor public.	B^{aux} du payeur central.

ATTRIBUTIONS.	MINISTÈRES.	DIRECTIONS, ADMINISTRAT^{ons}, DIVISIONS.	BUREAUX.
JURÉS (listes générales, examen, etc.).	Just. et cult.	Division des affaires criminelles et des graces.	1er.
— (formation des listes pour le département de la Seine).		Préfecture de la Seine, 1re division.	4e.
— pour les expropriations d'utilité publique dans le département de la Seine (listes).		Id. Id.	4e.
JURIDICTION (conflits entre les autorités judiciaire et administrative).		Conseil d'état.	Comité de législation, etc.
JURYS du commerce (régie administrative).	Commerce.	Administration de l'industrie agricole et commerciale.	2e.
— médicaux (id.)	Inst. publ.	Troisième division.	B^{au} des sciences et let., 2e sect.
— id. dans le département de la Seine (régie administrative).		Préfecture de la Seine, 3e division.	1er.
— de révision de la garde nationale (régie administrative).	Intérieur.	Sous-secrétariat d'état.=	B^{au} des gardes nationales.
JUSTICE civile (direction administrative).	Just. et cult.	Division des affaires civiles et du sceau.	1er.
— criminelle et correctionnelle (id.)	Id.	Division des affaires criminelles et des graces.	1er.
— militaire (id.)	Guerre.	Direction du personnel et des opérations militaires.	B^{au} de la justice militaire.

ATTRIBUTIONS.	MINISTÈRES.	DIRECTIONS, ADMINISTRAT^{ons}, DIVISIONS.	BUREAUX.
JUSTICE (frais généraux).	Just. et cult.	Division de la comptabilité générale.	2e.
— (maisons de) personnel, dépenses, administration.	Intérieur.	Administration départementale et communale.	2e.
JUSTICES de paix (personnel).	Just. et cult.	Division du personnel.	1er.
— (dépenses par les communes, pour prétoires, etc.).	Intérieur.	Administration départementale et communale.	4e.
— (dépenses pour prétoires dans le département de la Seine).		Préfecture de la Seine, 1re division.	1er.

K

ATTRIBUTIONS.	MINISTÈRES.	DIRECTIONS, ADMINISTRAT^{ons}, DIVISIONS.	BUREAUX.
KARIKAL (établissement français dans l'Inde), administration.	Marine.	Direction des colonies.	B^{au} de législation, etc.

ATTRIBUTIONS.	MINISTÈRES.	DIRECTIONS, ADMINISTRAT^ons, DIVISIONS.	BUREAUX.
LABORATOIRES dangereux ou insalubres (autorisation d'établissement).	Intérieur.	Administration de l'industrie agricole et commerciale.	5e.
— insalubres ou dangereux (autorisation d'établissement dans le département de la Seine).		Préfecture de police, 2e division.	4e.
LAFLÈCHE (collége royal), personnel et administration.	Guerre.	Direction du personnel et des opérations militaires.	Bau de l'infant. et des écoles militaires.
— (collége royal), examen des aspirans à Paris.		Préfecture de la Seine, 3e division.	1er.
— (collége royal), visa à Paris des certificats d'admission.		Id. Id.	3e.
LAISSES de mer (prise de possession).	Finances.	Administration de l'enregistrement et des domaines.	4e sous-direct.
— Id. (travaux).	Intérieur.	Direction générale des ponts-et-chaussées, section de la navigation.	1er.
LAMINOIRS (autorisation d'établissement).	Commerce.	Administration de l'industrie agricole et commerciale.	2e.
— (autorisation sous le rapport de la salubrité).	Id.	Id.	2e.
— (surveillance dans le département de la Seine).		Préfecture de police, 1re division.	1er.

L

ATTRIBUTIONS.	MINISTÈRES.	DIRECTIONS, ADMINISTRAT^{ons}, DIVISIONS.	BUREAUX.
LANDES communales (ventes, partages, etc.).	Intérieur.	Administration départementale et communale.	3ᵉ.
LANGUES orientales (écoles des), régie administrative.	Instr. publ.	Troisième division.	Bᵃᵘ des sciences et let., 1ʳᵉ sect.
LANTERNES (tableau des heures d'allumage et d'extinction).		Préfecture de police. Comptabilité.	
LAZARETS (régie administrative).	Commerce.	Secrétariat général.	Bᵃᵘ des établiss. sanitaires.
LECTURE (cabinets de), autorisations pour Paris et la banlieue.	Intérieur.	Division des beaux-arts.	3ᵉ.
— (cabinets de), surveillance, (Seine).		Préfecture de police, secrétariat général.	2ᵉ bᵃᵘ, 1ʳᵉ sect.
LÉGALISATIONS de signatures.	Aff. étrang.	Direction des chancelleries.	Bᵃᵘ des chancelleries.
— (dans chaque ministère, etc.).		Secrétariat général.	Bᵃᵘ des archives 1ᵉʳ.
— (questions générales sur les).	Intérieur.	Administration départementale et communale.	
LÉGION d'honneur (ordre royal de la), admissions, promotions.	Gᵈᵉ chancel. de la Lég.-d'Honneur.	Première division.	Bᵃᵘ des décorations.
— brevets, cérémonies, etc.	Id.	Id.	
— d'honneur (maisons d'éducation, discipline, contentieux).	Id.	Deuxième division.	Comité du contentieux.

ATTRIBUTIONS.	MINISTÈRES.	DIRECTIONS, ADMINISTRAT°ⁿˢ, DIVISIONS.	BUREAUX.
LÉGION d'honneur (propositions, dans chaque ministère, etc.)		Secrétariat général.	Bᵃᵘ central.
LÉGION étrangère (personnel, administration, etc.).	Guerre.	Direction du personnel et des opérations militaires.	Bᵃᵘ de l'infant.
LÉGIONS de la garde nationale (formation).	Intérieur.	Sous-secrétariat d'état.	Bᵃᵘ des gardes nationales.
LÉGISLATION générale (haute juridiction).		Le roi et les chambres.	
— administrative (délibérations, projet de lois).		Conseil d'état.	Comité de législation.
— judiciaire (délibérations, projets de lois).		Id.	Id.
— financière (id.) (id.)		Id.	Comité des finances.
— militaire (id.) (id.)		Id.	Comité de la g. et de la marine.
— maritime. (id.) (id.)		Id.	Id.
— commerciale (id.) (id.)		Id.	Comité de l'int. et du comm.
— universitaire (id.) (id.)		Id.	Id.
— départementale et communale (délibérations, projets de lois).		Id.	Id.

ATTRIBUTIONS.	MINISTÈRES.	DIRECTIONS, ADMINISTRAT^{ons}, DIVISIONS.	BUREAUX.
LEGS aux hospices, bureaux de bienfaisance, Monts-de-Piété (acceptation, emploi, etc.).	Intérieur.	Administration départementale et communale.	5e.
— aux communes id. id.	Id.	Id.	3e.
— aux fabriques des églises. id.	Just. et cult.	Division du culte catholique.	3e.
— aux établissemens ecclésiastiques, etc. (acceptation, emploi, etc.).	Id.	Id.	3e.
LESTAGE des navires (police du).	Finances.	Administration des douanes, 2e division.	1er.
LETTRES (faculté des), nomination des fonctionnaires, régime administratif général.	Instr. publ.	Première division.	2e.
— (belles), direction administrative.	Id.	Troisième division.	Bau des sciences et let., 1re sect.
— hommes de), pensions, encouragemens, secours.	Id.	Id.	Id.
— (hommes de), pensions, encouragemens, secours.	Intérieur.	Division des beaux-arts.	1er.
LETTRES de créance, de notification, de rappel (diplomatie).	Aff. étrang.	Direction politique.	Bureau du protocole.
— de marque (délivrance pour la marine marchande).	Marine.	Direction des ports.	Bau de la police de la navigat.

ATTRIBUTIONS.	MINISTÈRES.	DIRECTIONS, ADMINISTRAT^{ons}, DIVISIONS.	BUREAUX.
LETTRES patentes.	Just. et cult.	Division des affaires civiles et du sceau.	2e.
— de convocation aux membres de la chambre des pairs.	Id.	Secrétariat général.	
— de convocation aux membres de la chambre des députés.	Intérieur.	Section de l'administration du personnel.	1er.
LETTRES (distributions et envois généraux), postes.	Finances.	Administration des postes, 2e division.	B^{au} de la correspond. intér^{re}.
— (distributions dans Paris).	Id.	Id. 3e division.	B^{au} du service de Paris.
LEVANT (autorisations pour les établissemens français dans le).	Commerce.	Administration de l'industrie agricole et commerciale.	1er.
— (avis sur passeports pour le commerce du).	Id.	Id.	1er.
— (délivrance des passeports pour le).	Aff. étrang.	Direction des archives et de la chancellerie.	B^{au} de la chancellerie.
LIBÉRATIONS du service militaire.	Guerre.	Direction du personnel et des opérations militaires.	B^{au} du recrut.
— du service de la marine.	Marine.	Direction du personnel.	Id.
— des individus arrêtés à Paris, quand il n'y a pas lieu de poursuivre.		Préfecture de police, 1re division.	2e.
LIBÉRÉS (condamnés), surveillance légale.	Intérieur.	Division de la police générale.	2e.

ATTRIBUTIONS.	MINISTÈRES.	DIRECTIONS, ADMINISTRAT^{ons}, DIVISIONS.	BUREAUX.
LIBÉRÉS (bans, résidence, etc.).	Intérieur.	Division de la police générale.	2e.
— (condamnés), bans, résidence, recher- dans le département de la Seine).		Préfecture de police, 1re division.	2e.
— (condamnés), paiement des masses, dans le département de la Seine).		Préfecture de police, comptabilité.	Caisse. —
LIBRAIRES (surveillance, inspection, bre- vets, etc.).	Intérieur.	Division des beaux-arts.	3e.
LIBRAIRIE (exécution des lois et réglemens sur le commerce de la).	Id.	Id.	3e.
— (importation).	Finances.	Administration des douanes, 4e division.	1er.
— (surveillance, etc., dans le département de la Seine).		Préfecture de police, secrétariat général.	2e b^{au}, 1re sect.
LIGNES télégraphiques (régie administra- tive).	Intérieur.	Cabinet particulier du ministre.	
— télégraphiques (correspondance, usage, dans chaque ministère).		Secrétariat général.	B^{au} central.
LISTE civile (administration générale).	Int. gén. de la liste civ.	Direction de l'intendance générale.	
LITERIE militaire.	Guerre.	Direction de l'administration.	B^{au} des lits mi- litaires.
— de la gendarmerie.	Intérieur.	Administration départementale et com- munale.	2e.

ATTRIBUTIONS.	MINISTÈRES.	DIRECTIONS, ADMINISTRAT^{ons}, DIVISIONS.	BUREAUX.
LITHOGRAPHIE (brevets, surveillance, dépôt légal pour la bibliothèque royale, etc.).	Intérieur.	Division des beaux-arts.	3ᵉ.
LITTÉRATURE (juridiction administrative).	Inst. publ.	Troisième division.	Bᵃᵘ des sciences et let., 1ʳᵉ sect.
LIVRE (grand) tenue du.	Finances.	Direction de la comptabilité générale.	Bᵃᵘ central.
— (id.) écritures sur le.	Id.	Direction de la dette inscrite.	1ᵉʳ.
LIVRES nouveaux ou réimprimés (dépôt pour la bibliothèque royale).	Intérieur.	Division des beaux-arts.	3ᵉ.
— nouveaux ou réimprimés (dépôt pour le ministère de l'instruction publique).	Instr. publ.	Troisième division.	Bᵃᵘ des sciences et let., 1ʳᵉ sect.
— (distributions gratuites dans les écoles pour l'enseignement).	Id.	Première division.	4ᵉ.
— (importations).	Finances.	Administration des douanes, 4ᵉ division.	1ᵉʳ.
— importés (vérification).	Intérieur.	Division des beaux-arts.	3ᵉ.
— vieux (revendeurs et étalagistes) autorisations, surveillance.	Id.	Id.	3ᵉ.
— vieux (revendeurs et étalagistes) autorisations, surveillance dans le département de la Seine.		Préfecture de police, secrétariat général.	2ᵉ bᵃᵘ, 1ʳᵉ sect.
— classiques (rapports et correspondance sur les).	Instr. publ.	Première division.	1ᵉʳ.

ATTRIBUTIONS.	MINISTÈRES.	DIRECTIONS, ADMINISTRAT^ons, DIVISIONS.	BUREAUX.
LIVRES élémentaires (commission des).	Instr. publ.	Première division.	4e.
LIVRETS des ouvriers venant de l'étranger (visa).	Intérieur.	Division de la police générale.	1er.
— des ouvriers (visa dans le département de la Seine).		Préfecture de police, 1re division.	4e.
LOCATIONS (au compte ou dans l'intérêt des départemens).	Id.	Administration départementale et communale.	2e.
— d'immeubles communaux.	Id.	Administration départementale et communale.	3e.
— au compte des communes (dépenses).	Id.	Id.	4e.
— id. des hospices, etc.)	Id.	Id.	5e.
LOGEMENT (indemnités de) aux artistes.	Id.	Division des beaux-arts.	1er.
— des présidens de cours d'assises en tournées.	Id.	Administration départementale et communale.	2e.
LOGEMENS militaires.	Guerre.	Direction de l'administration.	B^au des lits militaires.
— id. (examen des questions y relatives dans l'intérêt des communes).	Intérieur.	Administration départementale et communale.	1er.
LOGEURS (surveillance générale).	Id.	Division de la police générale.	1er.
— (surveillance dans le département de la Seine).		Préfecture de police, 1re division.	4e.

ATTRIBUTIONS.	MINISTÈRES.	DIRECTIONS, ADMINISTRAT^{ons}, DIVISIONS.	BUREAUX.
LOIS (promulgation des).		Le roi et les chambres.	
— (surveillance de l'exécution des).	Just. et cult.	Divisions des affaires civiles, des affaires criminelles, etc.	
— (préparation des projets de).		Conseil d'état.	Comités compétens.
— (sceau des).	Id.	Division des affaires civiles et du sceau.	1er.
— (bulletin des).	Id.	Secrétariat général.	Bureau des archives.
— (impression des).	Id.	Direction de l'imprimerie royale.	B^{au} du service actif.
LONG-COURS (réception des capitaines au).	Marine.	Direction du personnel.	B^{au} de la police de la navigat.
LONGITUDES (bureau des).	Instr. publ.	Troisième division.	B^{au} des sciences et let., 1re sect.
— (annuaire des).		Bureau des longitudes.	
LOTERIE ROYALE (régie administrative).	Finances.	Administration de la loterie royale.	
— (personnel).	Id.	Administration centrale, secrétariat particulier.	1re section.
— (vérification des lots).	Id.	Administration de la loterie royale.	B^{au} de la vérification des lots.
— (relevé des lots).	Id.	Id.	Bureau des archives.

L

ATTRIBUTIONS.	MINISTÈRES.	DIRECTIONS, ADMINISTRAT^{ons}, DIVISIONS.	BUREAUX.
LOTERIE (présidence du tirage).		Préfet de police.	
— (impression des billets).	Just. et cult.	Direction de l'imprimerie royale.	Service actif.
LOTERIES particulières et étrangères (répression).	Finances.	Administration de la loterie royale.	B^{au} de la correspond^{ce} génér.
— clandestines (surveillance dans le département de la Seine).		Préfecture de police, 1re division.	1er.
LOUVETERIE (nomination des officiers, exécution des réglemens).	Id.	Administration des forêts, 3e division.	Contentieux.
LOYERS (dépenses ou rentrées pour les départemens).	Intérieur.	Administration départementale et communale.	2e.
— (dépenses ou rentrées pour les hospices, bureaux de bienfaisance, etc.).	Id.	Id.	5e.
— au compte des communes (dépenses).	Id.	Id.	4e.
— (concessions au nom des communes).	Id.	Id.	3e.

ATTRIBUTIONS.	MINISTÈRES.	DIRECTIONS, ADMINISTRAT°ⁿˢ, DIVISIONS.	BUREAUX.
MACHINES à vapeur (autorisations d'établissement).	Commerce.	Administration de l'industrie agricole et commerciale.	5ᵉ.
— à vapeur dans les établissemens qui ne sont pas sur l'eau (surveillance sous le rapport de la sûreté publique dans le département de la Seine).		Préfecture de police , 2ᵃ division.	4ᵉ.
— à vapeur des bateaux (surveillance sous le rapport de la sûreté publique dans le département de la Seine).		Id. 2ᵉ division.	1ᵉʳ.
— hydrauliques (autorisations pour établissement).	Intérieur.	Direction générale des ponts-et-chaussées, section de la navigation.	2ᵉ.
— hydrauliques (autorisations pour établissement dans le département de la Seine).		Préfecture de police , 2ᵉ division.	1ᵉʳ.
MADAGASCAR (colonie française) administration, etc.	Marine.	Direction des colonies.	Bureau de législation, etc.
MAIN-LEVÉES signifiées au trésor public.	Finances.	Administration centrale , direction du contentieux.	Bureau des oppositions.
— pour les cautionnemens des comptables publics.		Cour des comptes.	
— des inscriptions hypothécaires prises sur les débiteurs de l'état.	Finances.	Administration centrale, direction du contentieux.	Id.

ATTRIBUTIONS.	MINISTÈRES.	DIRECTIONS, ADMINISTRAT^{ons}, DIVISIONS.		BUREAUX.
MAIN-LEVÉES des inscriptions hypothécaires prises sur les débiteurs de l'état (Seine).		Préfecture de la Seine, 1re division.		3e.
MAIRES et adjoints des communes de 3,000 ames et au dessus (présentation des candidats à la nomination du roi).	Intérieur.	Section de l'administrat. du personnel.		1er.
— et adjoints des communes au dessous de 3,000 ames (nomination).	Id.	Id.	Id.	2e.
— et adjoints (attributions, discipline, préséances, abonnemens, etc.).	Id.	Id.	Id.	2e.
— et adjoints de Paris (présentation des candidats à la nomination du roi).		Préfecture de la Seine, 1re division.		4e.
— et adjoints des communes rurales (Seine), nomination.		Id.	Id.	2e.
MAIRIES (constructions, matériel, dépenses générales).	Intérieur.	Administration départementale et communale.		4e.
— de Paris (constructions, matériel, dépenses générales).		Préfecture de la Seine, 2e division.		3e.
— des communes rurales du département de la Seine (constructions, matériel, dépenses générales).		Préfecture de la Seine, première division.		1er.

ATTRIBUTIONS.	MINISTÈRES.	DIRECTIONS, ADMINISTRAT^{ons}, DIVISIONS.	BUREAUX.
MAISON du roi (administration générale).	Int^{ce} gén^{le} de la liste civile.	Directions diverses.	
— id. (pétitions et secours).	Maison du roi.	Cabinet du roi.	Bureau du se-crétariat.
— royale de Saint-Denis (administra-tion, etc.).	G^{de}chanc.de la lég.d'hon.	Deuxième division.	
— royale de Charenton (administration, etc.).	Intérieur.	Division des beaux-arts.	4e.
— de retraite pour les prêtres âgés ou in-firmes (administration, etc.).	Just.et cult.	Division du culte catholique.	2e.
— de refuge des jeunes condamnés (admi-nistration, etc.).	Intérieur.	Administration départementale et com-munale.	2e.
— de détention de Doullens (administra-tion, etc.).	Id.	Id.	2e.
MAISONS d'arrêt (administration, etc., etc.).	Id.	Id.	2e.
— de refuge pour les vieillards indigens (dépôts de mendicité), administration, etc.).	Id.	Id.	2e.
— de refuge pour les vieillards indigens (dépôts de mendicité), administra-tion, etc. (Seine).		Préfecture de police, 1re division.	3e.

ATTRIBUTIONS.	MINISTÈRES	DIRECTIONS, ADMINISTRAT^{ons}, DIVISIONS.	BUREAUX.
MAISONS de justice, de force, de détention, de correction (régie administrative).	Intérieur.	Administration départementale et communale.	2e.
— de justice, de force, de détention, de correction dans le département de la Seine (régie administrative).		Préfecture de police, 1re division.	3e.
— de santé (autorisations pour établissement).	Commerce.	Administration de l'industrie agricole et commerciale.	B^{au} des établiss. sanitaires.
— de santé (surveillance, autorisations pour établissement dans le département de la Seine).		Préfecture de police, 1re division.	3e.
— de jeux (autorisations, surveillance).	Intérieur.	Division de la police générale.	1er.
— id. (surveillance dans le département de la Seine).		Préfecture de police, 1re division.	1er.
— garnies (autorisations, surveillance dans le département de la Seine).		Id. Id.	4e.
— royales (administration, etc.).	Int^{ce} gén^{le} de la liste civ.	Directions des domaines, etc.	
MAITRES armuriers des régimens (personnel).	Guerre.	Direction du personnel et des opérations militaires.	B^{au} de l'artillerie.
— de poste (personnel, gages et indemnités).	Finances.	Administration des postes, 2e division.	B^{au} des relais.

ATTRIBUTIONS.	MINISTÈRES.	DIRECTIONS, ADMINISTRAT^{ons}, DIVISIONS.	BUREAUX.
MAITRES de ports (personnel).	Intérieur.	Direction générale des ponts-et-chaussées, section de la navigation.	1er.
— des requêtes au conseil d'état (présentation des candidats à la nomination du roi, répartition dans les comités, etc.).	Just. et cult.	Division du personnel.	1er.
MAJORATS (examen des titres).	Id.	Division des affaires civiles et du sceau.	2e.
MALADIES épidémiques (secours, médecins, etc.).	Commerce.	Secrétariat général.	B^{au} des établiss. sanitaires.
— épidémiques (secours, médecins, etc., dans le département de la Seine).		Préfecture de la Seine, 3e division.	2e.
— épidémiques (surveillance dans le département de la Seine).		Préfecture de police, 2e division.	4e.
MALLES-POSTES.	Finances.	Administration des postes, 2e division.	B^{au} de la correspond^{ce} intér^{re}.
MANDATS généraux (paiemens sur).	Id.	Administration centrale, caisse centrale du trésor.	B^{au} du payeur.
— (expéditions en échange de versemens).	Id.	Administration centrale, trésor public.	Caisse centrale.
— du payeur central du trésor public (visa des).	Finances.	Id. Id.	Contrôle central.
MANOEUVRES des troupes (instructions et réglemens).	Guerre.	Direct. du personnel et des opérations militaires.	B^{au} des opérat. militaires.

ATTRIBUTIONS.	MINISTÈRES.	DIRECTIONS, ADMINISTRAT^{ons}, DIVISIONS.	BUREAUX.
MANOEUVRES de la garde nationale (in-structions et réglemens).	Intérieur.	Sous-secrétariat d'état.	B^{au} des gardes nationales.
— (champs de), établissement, dépenses au compte des communes.	Id.	Administration départementale et com-munale.	4e.
MANUFACTURES (conseil général, cham-bres consultatives, police).	Commerce.	Administration de l'industrie agricole et commerciale.	2e.
— (autorisations sous le rapport de la salu-brité, perfectionnement).	Id.	Id.	5e.
— autorisations sous le rapport de la salu-brité (Seine).		Préfecture de police, deuxième division.	4e.
— (dépenses générales).	Commerce.	Division de la comptabilité générale.	B^{au} des ordonn. et comptes.
— d'armes (direction administrative).	Guerre.	Direction du personnel et des opéra-tions militaires.	Bureau de l'ar-tillerie.
— royales, des gobelins, de porcelaine et de tapisseries à Beauvais (direction administrative).	Int^{ce} gén^{le} de la liste civ.	Direction des manufactures royales.	
MARAIS (desséchement, etc.).	Intérieur.	Direction générale des ponts-et-chaus-sées, section de la navigation.	1er.
— communaux (vente, mode de jouis-sance, etc.).	Id.	Administration départementale et com-munale.	3e.

ATTRIBUTIONS.	MINISTÈRES.	DIRECTIONS, ADMINISTRAT°ⁿˢ, DIVISIONS.	BUREAUX.
MARBRES appartenant à l'État (dépôts, conservation).	Intérieur.	Direction des bâtimens et monumens publics.	Bureau des bâtimens civils.
— statuaires (acquisition et emploi, au compte de l'État).	Id.	Division des beaux-arts.	1er.
MARCHANDISES (régime général commercial.)	Commerce.	Administration de l'industrie agricole et commerciale.	1er.
— (droits de transport, de visite, etc.).	Finances.	Administration des contributions indirectes.	
— françaises invendues à l'étranger (examen au retour).	Id.	Administration des douanes, 4e division.	1er.
— étrangères (vérification, etc.).	Id.	Id. Id.	1er.
— prohibées (surveillance à Paris).		Préfecture de police, secrétariat général.	2e Bau, 2e sect.
MARCHANDS (régie commerciale).	Commerce.	Administration de l'industrie agricole et commerciale.	1er.
— (régie de police administrative à Paris).		Préfecture de police, 2e division.	1er.
MARCHÉ de Poissy (régie administrative).		Id. Id.	1re.
— id. (caisse).		Préfecture de la Seine, 1re division.	1er.
— de Sceaux (régie administrative).		Préfecture de police, 2e division.	1er.
MARCHÉS (réglemens et autorisations sous le rapport sanitaire).	Commerce.	Administration de l'industrie agricole et commerciale.	4e.

ATTRIBUTIONS.	MINISTÈRES.	DIRECTIONS, ADMINISTRAT°ⁿˢ, DIVISIONS.	BUREAUX.
MARCHÉS (établissement, dépenses, acqui-sitions, droits de places, etc.).	Intérieur.	Administration départementale et com-munale.	4ᵉ.
— (établissement par traités, ventes, échan-ges).	Id.	Id.	3ᵉ.
— de Paris (établissement, dépenses, etc.).		Préfecture de la Seine, 1ʳᵉ division.	1ᵉʳ.
— de Paris (travaux).		Préfecture de la Seine, 2ᵉ division.	3ᵉ.
— Id. (personnel des employés).		Préfect. de police, secrétariat général.	1ᵉʳ bᵃᵘ, 2ᵉ sect.
— Id. (perception des droits).		Préfecture de police, 2ᵉ division.	1ᵉʳ.
— Id. (surveillance et contrôle de la perception des droits).		Préfecture de la Seine, 1ʳᵉ division.	1ᵉʳ.
— de Paris (examen sanitaire).		Préfecture de police, conseil de salu-brité.	
MARCHÉS (adjudications pour les vivres, fourrage, chauffage, des troupes).	Guerre.	Direction de l'administration.	Bᵃᵘ des subsist. militaires.
— (adjudications pour la marine royale).	Marine.	Direction des subsistances.	Bᵃᵘ des march. généraux.
— généraux de la guerre.	Guerre.	Direction des fonds de la comptabilité générale.	Bᵃᵘ des fonds.
— généraux de la marine royale.	Marine.	Direction de la comptabilité.	Bᵃᵘ des comptes et budgets.
— Id. (Seine).		Préfecture de la Seine, secrétariat gé-néral.	1ʳᵉ section.

ATTRIBUTIONS.	MINISTÈRES.	DIRECTIONS, ADMINISTRAT°ⁿˢ, DIVISIONS.	BUREAUX.
MARCHÉS généraux, (préfecture de police).		Préfecture de police, secrétariat général.	1ᵉʳ b, 1ʳᵉ sect.
MARÉE (approvisionnemens), etc., régie ad-ministrative).	Commerce.	Administration de l'industrie agricole, etc.	4ᵉ.
— (personnel des employés des marchés de Paris).		Préfecture de police, secrétariat général.	1ᵉʳ bᵃᵘ, 2ᵉ sectᵒⁿ.
— (perception des droits, à Paris).		Préfecture de police, 2ᵉ division.	1ᵉʳ.
— (surveillance et contrôle de la percep-tion des droits, à Paris).		Préfecture de la Seine, 1ʳᵉ division.	1ᵉʳ.
MARGUILLIERS (nominations, etc.).		Clergé des paroisses.	
MARIAGES (dispenses d'âge et de parenté).	Just. et cult.	Division des affaires civiles et du sceau.	2ᵉ.
MARINE royale (administration générale du personnel).	Marine.	Direction du personnel.	Bᵃᵘ des officiers de vaiss., etc.
— royale (matériel), administration géné-rale).	Id.	Direction des ports.	Bᵃᵘ des mouv. des trav., etc.
— marchande (régie administrative).	Id.	Id.	Id.
MARINS (levées, organisation), administra-tion générale.	Id.	Direction du personnel.	Bᵃᵘ du recrut.
— réfractaires (recherches, à Paris).		Préfecture de police, secrétariat général.	2ᵉ bᵃᵘ, 2ᵉ sect.
MARQUE des lingots, des bijoux, meu-bles, etc. en or et en argent.	Finances.	Commission des monnaies.	Bᵃᵘ de la mar-que.
— des lingots, etc. (droits de).	Id.	Administration des contributions indi-rectes.	

ATTRIBUTIONS.	MINISTÈRES.	DIRECTIONS , ADMINISTRAT^{ons}, DIVISIONS.	BUREAUX.
MARQUE (surveillance de garantie dans le département de la Seine).		Préfecture de police, 1re division.	1er.
MARTELAGE pour coupes de bois.	Finances.	Administration des forêts, 2e division.	Matériel.
— pour coupes de bois, pour la marine royale.	Marine.	Direction des ports.	B^{au} des approvisionnem. gén^x.
MARTINIQUE (colonie française), administration, etc.	Id.	Direction des colonies.	Bureau de législation.
MASQUES (mesures d'ordre, surveillance).	Intérieur.	Division de la police générale.	1er.
— (mesures d'ordre, dans le département de la Seine).		Préfecture de police, secrétariat général.	2e B^{au}, 1re sect.
MATIÈRES d'or et d'argent (marque et titre).	Finances.	Commission des monnaies.	Bureau de la marque.
— d'or et d'argent (droits de garantie).	Finances.	Administration des contributions indirectes.	
— d'or et d'argent (surveillance de la garantie dans le département de la Seine).		Préfecture de police, 1re division.	1er.
MATURE (achat de bois, marque, pour la marine royale).	Marine.	Direction des ports.	B^{au} des approvisionnem. gén.
MÉCANIQUE (encouragements, etc.).	Commerce.	Administration de l'industrie agricole et commerciale.	2e.
— (prix).		Académie des sciences.	

ATTRIBUTIONS.	MINISTÈRES.	DIRECTIONS, ADMINISTRAT°ⁿˢ, DIVISIONS.	BUREAUX.
MÉDAILLES d'or, d'argent, de bronze, etc. (fabrication).	Finances.	Commission des monnaies et médailles.	
— (commandes de).	Intérieur.	Division des beaux-arts.	1ᵉʳ.
— pour belles actions (délivrance des).	Id.	Secrétariat général.	Bureau des se- cours.
— des commissionnaires et marchands sur la voie publique, à Paris (délivrance des).		Préfecture de police, 1ʳᵉ division.	1ᵉʳ.
— d'encouragement aux instituteurs primaires (délivrance des).	Instr. publ.	Première division.	4ᵉ.
MÉDECINE (faculté de), direction générale administrative.	Id.	Id.	2ᵉ.
— (surveillance particulière de l'exécution des lois et réglemens dans le département de la Seine).		Préfecture de police, 2ᵉ division.	4ᵉ.
— (prix pour perfectionnement).		Académie des sciences.	
MÉDECINS des épidémies (nominations).	Commerce.	Secrétariat général.	Bᵘ des établis- semens sanit.
— Id. (dans le département de la Seine).		Préfecture de la Seine, 3ᵉ division.	2ᵉ.
— (listes générales dans le département de la Seine).		Id. Jd.	1ᵉʳ.

ATTRIBUTIONS.	MINISTÈRES.	DIRECTIONS, ADMINISTRAT^{ons}, DIVISIONS.	BUREAUX.
MENDIANS (répression).	Intérieur.	Division de la police générale.	1er.
— (répression dans le département de la Seine).		Préfecture de police, 1re division.	1er.
— libérés (propositions y relatives, dans le département de la Seine).		Id. Id.	2e.
MENDICITÉ (dépôts de), administration générale.	Intérieur.	Administration départementale et communale.	2e.
— (dépôts de), administration dans le département de la Seine.		Préfecture de police, 1re division.	3e.
MERCURIALES du commerce (relevé général).	Commerce.	Administration de l'industrie agricole et commerciale.	4e.
MESSAGERIES (droits).	Finances.	Administration des contributions indirectes.	
— (Seine), surveillance.		Préfecture de police, 3e division.	3e.
MESURAGE public (établissement, approbation des tarifs).	Commerce.	Administration de l'industrie agricole et commerciale.	5e.
— (droits dans les établissemens des communes).	Intérieur.	Administration départementale et communale.	4e.
— dans les halles, marchés, etc., de Paris (personnel des employés).		Préfecture de police, secrétariat général.	1er b^{au}, 2e sect.
— dans les halles, marchés, etc., de Paris (perception des droits).		Préfecture de police, 2e division.	1er.

ATTRIBUTIONS.	MINISTÈRES.	DIRECTIONS, ADMINISTRAT^{ons}, DIVISIONS.	BUREAUX.
MESURAGE dans les halles , marchés, etc., de Paris (surveillance et contrôle de perception des droits).		Préfecture de la Seine, 1re division.	1er.
— à domicile (dans le département de la Seine).		Id. Id.	1er.
— des pierres pour les constructions (dans le département de la Seine).		Id. Id.	1er.
— des liquides , à l'entrepôt général des vins, à Paris.		Id. Id.	1er.
— (bureau central, à Paris).		Id. Id.	1er.
MESURE (moins de), remboursement (forêts).	Finances.	Administration des forêts, 2e division.	Matériel.
MÉTIERS (école royale des Arts-et), administration.	Commerce.	Administration de l'industrie agricole et commerciale.	2e.
— (bourses, etc.).	Id.	Id.	2e.
— (école royale des Arts-et), bourses aux frais du département de la Seine.		Préfecture de la Seine, 3e division.	1er.
METZ (école d'application), administration.	Guerre.	Direction du personnel et des opérations militaires.	Bureau spécial
MEUDON (bien que du département de Seine-et-Oise), police administrative.		Préfecture de police.	
MILITAIRES (délivrance des actes de l'état civil aux).	Guerre.	Secrétariat général.	B^{au} des lois et archives.

ATTRIBUTIONS.	MINISTÈRES.	DIRECTIONS, ADMINISTRAT^{ons}, DIVISIONS	BUREAUX.
MILITAIRES licenciés (délivrance des certificats de service).	Guerre.	Secrétariat général.	Bureau des archives.
— (anciens), demandes d'emplois.	Id.	Id.	Bureau du service intérieur.
— condamnés aux travaux publics (suite, exécution des jugemens, etc.)	Id.	Direction du personnel et des opérations militaires.	Bureau de la justice milit.
— malades, infirmes ou blessés (visites, envois dans les hôpitaux, etc.).	Id.	Conseil de santé des armées.	Comité de visite.
— malades, etc. (abonnement avec les hôpitaux pour leur traitement).	Id.	Direction de l'administration.	Bureau des hôpitaux.
— malades, etc. (envoi aux eaux thermales).	Id.	Id.	Id.
— en activité (naturalisations).	Id.	Direction du personnel et des opérations militaires.	B^{au} de la justice militaire.
— en activité (grades, commissions, etc.)	Id.	Id.	B^{au} du corps.
— en activité (peines et discipline).	Id.	Id.	B^{au} de la justice militaire.
MINES (conseil général, etc., régie administrative).	Intérieur.	Direct. générale des ponts-et-chaussées, division des mines.	B^{au} des mines.
— (école des).	Id.	Direction générale des ponts-et-chaussées, secrétariat général.	B^{au} du person.

ATTRIBUTIONS.	MINISTÈRES.	DIRECTIONS, ADMINISTRAT°ⁿˢ, DIVISIONS.	BUREAUX.
MINES (nominations et mouvemens des in-génieurs du corps des).	Intérieur,	Direction générale des ponts-et-chaus-sées. Secrétariat général.	Bureau du per-sonnel.
— (matériel et contentieux).	Id.	Direction générale des ponts-et-chaus-sées, division des mines.	B^au des mines.
— (ordonnancement des dépenses).	Id.	Division de la comptabilité générale.	2ᵉ.
— de sel (régie intéressée).	Finances.	Administration des douanes, troisième division.	2ᵉ.
MINEURS (disparition ou enlèvement d'en-fans) dans le département de la Seine (mesures de police).		Préfecture de police, 1ʳᵉ division.	1ᵉʳ.
MINIÈRES (régie administrative).	Intérieur.	Direction générale des ponts-et-chaus-sées, division des mines.	Bureau des mi-nes.
MIQUELON (colonie française), administra-tion.	Marine.	Direction des colonies.	Bureau de la législation.
MISSIONS étrangères (régime administratif).	Just. et cult.	Division du culte catholique.	3ᵉ.
MOBILIER de la couronne (conservation, acquisitions, etc.)	Intend. gén. de la liste c.	Conservation du mobilier de la cou-ronne.	
MOBILIER de l'état (conservation, acquisi-tions, etc.)	Finances.	Administration de l'enregistrement et des domaines.	4ᵉ sous-direct.
— des bâtimens départementaux (préfec-tures, cours et tribunaux, prisons, etc. (conservation, acquisitions, etc.)	Intérieur.	Administration départementale et com-munale.	2ᵉ.

ATTRIBUTIONS.	MINISTÈRES.	DIRECTIONS, ADMINISTRAT^ons, DIVISIONS.	BUREAUX.
MOBILIER des bâtimens communaux (conservation, acquisitions, etc.)	Intérieur.	Administration départementale et communale.	4e.
— des hospices, bureaux de bienfaisance, etc. (conservation, acquisitions, etc.)	Id.	Id.	5e.
— du culte (églises, etc.), conservation, acquisitions, et c.	Just. et cult.	Division du culte catholique.	3e.
— du culte (archevêchés, évêchés, cathédrales, séminaires), conservation, acquisitions, etc.	Id.	Id.	2e.
— des administrations (conservation, acquisitions, etc.) dans chaque ministère.		Secrétariat général.	B^au central.
— des établissemens appartenant au département de la Seine ou à la ville de Paris (conservation, acquisitions, etc.).		Préfecture de la Seine, secrétariat général.	2e section.
— des fêtes et réjouissances publiques de Paris (conservation, acquisitions, etc.)		Id. Id.	id.
— de la préfecture de police (conservation, acquisitions, etc.).		Préfecture de police, secrétariat général.	1er b^au, 1re sect.
MOBILISATION de l'armée.	Guerre.	Direction du personnel et des opérations militaires.	B^au des opérations milit.

ATTRIBUTIONS.	MINISTÈRES.	DIRECTIONS, ADMINISTRAT.ons, DIVISIONS.	BUREAUX.
MODÈLES-TYPES d'habillement, d'équipement, coiffure, etc. (troupes).	Guerre.	Direction de l'administration.	B.au de l'habillement.
MOINS de mesure (coupes de bois), remboursemens.	Finances.	Administration des forêts ; 2e division.	Matériel.
MONNAIE des médailles.	Intérieur.	Division des beaux-arts.	1er.
MONNAIES (commission des).	Finances.		
— (hôtels des), personnel des agens supérieurs.	Id.	Administration centrale, secrétariat particulier.	1re section.
— (hôtels des), personnel des agens inférieurs).	Id.	Commission des monnaies.	
— (hôtels des), matériel des bâtimens, etc.)	Id.	Administration centrale , secrétariat général.	2e b.au.
— (fabrication, vérification du poids, du titre, surveillance générale).	Id.	Commission des monnaies et médailles.	
— (contentieux).	Id.	Administration centrale , secrétariat général.	3e.
MONTFAUCON (voirie de), dépenses.		Préfecture de la Seine, 2e division.	2e.
— (id.) surveillance.		Préfecture de police, 2e division.	4e.
— (id.) examen sanitaire.		Préfecture de la Seine (conseil de salubrité).	
MONTS-DE-PIÉTÉ (personnel général).	Intérieur.	Secrétariat général.	Bureau des secours.

ATTRIBUTIONS.	MINISTÈRES.	DIRECTIONS, ADMINISTRAT^{ons}, DIVISIONS.	BUREAUX.
MONTS-DE-PIÉTÉ (établissement , régle-mens , acquisitions, dépenses, admi-nistration financière).	Intérieur.	Administration départementale et com-munale.	5e.
— à Paris (présentation aux emplois).		Préfecture de la Seine, 3e division.	2e.
— id. (surveillance des commission-naires et des établissemens géné-raux).		Préfecture de police , 1re division.	1er.
MONTYON (prix de vertu fondé par M. de).		Académie française.	
— (fondation en faveur des pauvres par M. de), administration.		Administration des hospices de Paris.	
MONUMENS anciens, historiques (conserva-tion, inspection).	Id.	Division des beaux-arts.	1er.
— (érection des grands).	Id.	Id.	1er.
— religieux (conservation, établissement.)	Just. et cult.	Division du culte catholique.	2e.
— dans les églises (concession d'emplace-mens).	Id.	Id.	3e.
— dans les cimetières (id.)	Intérieur.	Administration départementale et com-munale.	4e.
— publics sans exception (révision des plans et devis).	Id.	Direction des bâtimens et monumens publics.	Division des bâ-timens civils.
— (surveillance de conservation dans le département de la Seine).		Préfecture de police , 2e division.	2e.

ATTRIBUTIONS.	MINISTÈRES.	DIRECTIONS, ADMINISTRAT^{ons}, DIVISIONS.	BUREAUX.
MORALE publique (surveillance générale de police administrative).	Intérieur.	Division de la police générale.	1er.
— (surveillance administrative dans le département de la Seine).		Préfecture de police, 1re division.	2e.
MORGUE à Paris (régie, etc).		Préfecture de police, 2e division.	1er.
MORTS accidentelles dans le département de la Seine (examen, suite, etc.)		Id.　　1re division.	1er.
MORUE (pêche de la), primes.	Commerce.	Administration de l'industrie agricole et commerciale.	1er.
— (id.) police des équipages.	Marine.	Direction des ports.	B^{au} des mouvemens.
— (id.) vérification des produits au retour.	Finances.	Administration des douanes, 2e division.	1er.
MOSTAGANEM (possession française en Afrique), administration.	Guerre.	Dir^{on} des fonds de la comptabilité gén^{le}.	B^{au} d'Alger.
MOULINS (autorisations pour établissement).	Intérieur.	Direction générale des ponts-et-chaussées, section de la navigation.	3e.
MUNITIONS des troupes (fabrication, délivrance).	Guerre.	Direction du personnel et des opérations militaires.	Bureau de l'artillerie.
MUSÉE d'artillerie (direction administrative).	Id.	Id.　　Id.	Id.
— monétaire (id.).	Finances.	Commission des monnaies et médailles.	

ATTRIBUTIONS.	MINISTÈRES.	DIRECTIONS, ADMINISTRAT^{ons}, DIVISIONS.	BUREAUX.
MUSÉES royaux (direction administrative).	Intend^{ce} g^{le} de la list. civ.	Direction des musées royaux.	
— des départemens (id.)	Intérieur.	Division des beaux-arts.	1er.
MUSÉUM d'histoire naturelle (id.)	Instr. pub.	Troisième division.	B^{au} des sciences et let., 1re sect.
MUSIQUE (encouragemens).	Intérieur.	Division des beaux-arts.	2e.
— (dépôt pour la bibliothèque royale, surveillance, etc.).	Id.	Id.	3e.
— (conservatoire de), direction administrative).	Id.	Id.	2e.
— (écoles de Toulouse et de Lille), direction administrative.	Id.	Id.	2e.
— des troupes (masses d'entretien).	Guerre.	Direction de l'administration.	B^{au} de l'habillement, etc.
MUTATIONS par décès.	Finances.	Administration de l'enregistrement et des domaines.	3e sous-direct.

ATTRIBUTIONS.	MINISTÈRES.	DIRECTIONS. ADMINISTRAT^{ons}, DIVISIONS.	BUREAUX.
NATATION (écoles de), autorisations pour établissement.	Intérieur.	Direction générale des ponts-et-chaussées , section de la navigation.	2e.
—(écoles de), autorisations pour établissement sur la Seine.		Préfecture de police, 2e division.	1er.
NATURALISATION (délivrance de lettres de).	Just. et cult.	Division des affaires civiles et du sceau.	2e.
— (demandes de lettres de) dans le département de la Seine.		Préfecture de la Seine, 1re division.	2e.
— (renseignemens sur demandes de lettres de) dans le département de la Seine).		Préfecture de police, secrétariat génér.	1er bureau , 1re section.
NATURALITÉ (lettres de déclaration de).	Just. et cult.	Division des affaires civiles et du sceau.	2e.
NAUFRAGES (contentieux, etc).	Marine.	Direction de la comptabilité des fonds.	Bureau des prises etc.
NAVIGATION (police de la), marine royale.	Id.	Direction du personnel.	B^{au} de la police de la navigat.
— (police de la), marine marchande.	Id.	Direction des ports.	B^{au} des mouvemens.
— (écoles de).	Id.	Direction du personnel.	B^{au} des officiers de vaisseau.
— (négociations commerciales y relatives avec l'étranger).	Commerce.	Conseil supérieur du commerce, secrétariat général.	1er.

ATTRIBUTIONS.	MINISTÈRES.	DIRECTIONS, ADMINISTRAT°⁰ˢ, DIVISIONS.	BUREAUX.
NAVIGATION (tableaux analytiques commerciaux).	Commerce.	Conseil supérieur du commerce, secrétariat général.	2ᵉ.
— (ses rapports avec les douanes).	Finances.	Administration des douanes, 2ᵉ division.	1ᵉʳ. —
— des fleuves, canaux et rivières (juridiction administrative).	Intérieur.	Direction générale des ponts-et-chaussées, section de la navigation.	2ᵉ.
— (taxe de).	Finances.	Administration des contributions indirectes.	
— (Seine), surveillance générale des travaux publics.		Chambres de commerce, de Paris.	
— (Seine), travaux.		Préfecture de la Seine, 2ᵉ division.	1ᵉʳ.
— (id.) surveillance, personnel des employés, autorisations pour établissemens, bateaux, etc.).		Préfecture de police, 2ᵉ division.	1ᵉʳ.
NAVIRES (marine royale), constructions, armement, approvisionnemens, mouvemens.	Marine.	Direction des ports.	Bᵃᵘˣ des trav., des approvis., des mouv., etc.
— du commerce (police, etc.)	Id.	Id.	Bᵃᵘ des mouvemens.
— du commerce (jaugeage).	Finances.	Administration des douanes, 2ᵉ division.	1ᵉʳ.
— id. (perception des droits).	Id.	Id. Id.	1ᵉʳ.
NÉGOCE (régie administrative).	Commerce.	Administration de l'industrie agricole et commerciale.	1ᵉʳ.

ATTRIBUTIONS.	MINISTÈRES.	DIRECTIONS, ADMINISTRAT^{ons}, DIVISIONS.	BUREAUX.
NÉGOCE (surveillance de police administrative dans le département de la Seine).		Préfecture de police, 2e division.	1er.
NEIGES (enlèvement à Paris surveillance du nettoiement).		Id.	3e.
— (enlèvement), dépenses à Paris.		Préfecture de police, comptabilité.	Caisse.
NETTOIEMENT (dépenses par les communes).	Intérieur.	Administration départementale et communale.	4e.
— (traités pour entreprises par les communes).	Id.	Id.	3e.
— (service de Paris).		Préfecture de police, 2e division.	3e.
NOIRS (commission contre la traite des).	Marine.	Direction des colonies.	
NOMS (changement ou addition de), demandes par les intéressés.	Just. et cult.	Division des affaires civiles et du sceau.	2e.
— des places, rues, ponts, etc. (désignations).	Intérieur.	Administration départementale et communale.	1er.
NON-ACTIVITÉ (traitemens temporaires) troupes.	Guerre.	Direction de l'administration.	B^{au} des pens.
— (solde créée par la loi du 19 mai 1834).	Id.	Id.	B^{au} de la solde.
NON-VALEUR (distribution du fonds de), contributions.	Finances.	Direction des contributions directes.	3e.
NON-VALEURS (distribution du fonds de), postes.	Id.	Administration des postes, 2e division.	Bureau de la vérification.

ATTRIBUTIONS.	MINISTÈRES.	DIRECTIONS, ADMINISTRAT^{ons}, DIVISIONS.	BUREAUX.
NON-VALEURS (direction des fonds de) dans le département de la Seine.		Préfecture de la Seine, 4e division.	1er.
NOTABLES commerçans (formation des listes).	Commerce.	Administration de l'industrie agricole et commerciale.	1er.
NOTAIRES (organisation, régime et discipline).	Just. et cult.	Division des affaires civiles et du sceau.	3e.
— (contraventions aux lois d'enregistrement).	Finances.	Administration de l'enregistrement et des domaines.	2e sous-direct.
— certificateurs (nominations).	Id.	Administration centrale , secrétariat particulier.	1re section.
— (discipline particulière).		Chambres des notaires.	
NOURRICES des enfans trouvés (régime administratif général).	Intérieur..	Administration départementale et communale.	5e.
— (surveillance dans le département de la Seine).		Préfecture de police, 1re division.	3e.
— (bureau des), régie administrative dans le département de la Seine.		Administration des hospices de Paris.	
NOYÉS (secours aux), dans le département de la Seine.		Préfecture de police.	Cons. de salub.
— (matériel des secours aux) dans le département de la Seine).		Id. 2e division.	1er.

ATTRIBUTIONS.	MINISTÈRES.	DIRECTIONS, ADMINISTRAT^ons, DIVISIONS.	BUREAUX.
NUMÉROTAGE des maisons (régie dans le département de la Seine).		Préfecture de la Seine, 2ᵉ division.	4ᵉ.
— des voitures (régie dans le département de la Seine).		Préfecture de police, 1ʳᵉ division.	1ᵉʳ.
— des voitures (recette des droits).		Préfecture de police, comptabilité.	Caisse.
NUMISMATIQUE (collection générale).		Bibliothèque royale.	
— (prix).		Académie royale des inscriptions et belles-lettres.	

ATTRIBUTIONS.	MINISTÈRES.	DIRECTIONS, ADMINISTRAT°ⁿˢ, DIVISIONS.	BUREAUX.
OBJETS d'art (commandes).	Intérieur.	Division des beaux-arts.	1ᵉʳ.
— d'art (conservation , distribution des commandes dans le département de la Seine).		Préfecture de la Seine , secrétariat général.	2ᵉ section.
— saisis ou trouvés (dépôt et remise dans le département de la Seine).		Préfecture de police, secrétariat général.	1ᵉʳ bᵃᵘ, 3ᵉ sect.
OBLATIONS (droits des archevêques et évêques).	Just. et cult.	Division du culte catholique.	3ᵉ.
OBLIGATIONS (remboursemens par les communes), régie administrative.	Intérieur.	Administration départementale et communale.	4ᵉ.
— (remboursemens par la ville de Paris), tirages, etc.		Préfecture de la Seine , secrétariat général.	1ʳᵉ section.
OBSERVATOIRES (établissement, etc.).	Instr. publ.	Troisième division.	Bᵃᵘ des sciences et let., 1ʳᵉ sect.
— (indication de ceux à conserver ou à établir, etc.).		Bureau des longitudes.	
OCTROIS (régie générale).	Finances.	Administration des contributions indirectes.	
— communaux (régie , demandes d'établissement, de renouvellement des baux, de suppression, etc.).	Intérieur.	Administration départementale et communale.	4ᵉ.

ATTRIBUTIONS.	MINISTÈRES.	DIRECTIONS, ADMINISTRAT°ⁿˢ, DIVISIONS	BUREAUX.
OCTROIS de Paris (régie, demandes d'établissement, de renouvellement des baux, de suppression, etc.)		Préfecture de la Seine, 1ʳᵉ division.	1ᵉʳ.
— de Paris (surveillance).		Préfecture de police, secrétariat général.	2ᵉ bᵃⁿ, 2ᵉ sect.
ODÉON (théâtre royal de l'), conservation).	Intérieur.	Division des beaux-arts.	2ᵉ.
OFFICIERS généraux (personnel).	Guerre.	Direction du personnel et des opérations militaires.	Bureau spécial.
— d'état-major (id.)	Id.	Id.	Id.
— id. (travaux annuels, correspondance).	Id.	Dépôt de la guerre.	4ᵉ section.
— d'artillerie (personnel).	Id.	Direction du personnel et des opérations militaires.	Bureau de l'artillerie.
— d'infanterie (id.)	Id.	Id.	Bureau de l'infanterie.
— de cavalerie (id.)	Id.	Id.	Bureau de la cavalerie.
— de génie (id.)	Id.	Id.	Bᵃⁿ du génie.
— (dettes, successions).	Id.	Direction de l'administration.	Bureau de la solde.
— de santé (des troupes), personnel.	Id.	Id.	Bᵃⁿ des hôpit.
— id. (marine royale), personnel.	Marine.	Direction des ports.	Id.

ATTRIBUTIONS.	MINISTÈRES.	DIRECTIONS, ADMINISTRAT^{ons}, DIVISIONS.	BUREAUX.
OFFICIERS de vaisseau (marine royale), personnel.	Marine.	Direction du personnel.	B^{au} des officiers de vaisseau.
— du génie maritime, d'administration, de santé (marine royale), personnel.	Id.	Id.	B^{au} des officiers civils.
— civils et milit. des colonies (personnel).	Id.	Direction des colonies.	B^{au} du person.
— de ports de commerce, (personnel).	Intérieur.	Direction générale des ponts-et-chaussées, secrétariat général.	Id.
— de la garde nationale (id.)	Id.	Sous-secrétariat d'état.	B^{au} des g^{des} nat.
— de santé (civils). (id.)	Instr. publ.	Troisième division.	B^{au} des sciences et let., 2e sect.
— ministériels (personnel et discipline).	Just. et cult.	Division du personnel.	2e.
— attachés au trésor royal (personnel).	Finances.	Adm. centr., direction du contentieux.	B^{au} central.
— gardes du commerce (id.)	Commerce.	Adm. de l'industrie agricole et comm.	1er.
— de paix (pers. et présentation des candidats au min. de l'int. pour les emplois d').		Préfecture de police, secrétariat général.	1er b^{au}, 2e sect.
— de paix (nominations).	Intérieur.	Division de la police générale.	1er.
OFFICIERS de gendarmerie, de la garde municipale et des sapeurs-pompiers de Paris (personnel).	Guerre.	Direction du personnel et des opérations militaires.	B^{au} de la gendarmerie.
— de la garde municipale de Paris (présentation au ministre de l'intér., pour nomination aux grades, etc.		Préfecture de police, secrétariat général.	1er b^{au}, 1re sect.

ATTRIBUTIONS.	MINISTÈRES.	DIRECTIONS, ADMINISTRAT^{ons}, DIVISIONS.	BUREAUX.
OFFICIERS de la garde municipale (présentation pour nomination aux grades, au ministre de la guerre).	Intérieur.	Cabinet particulier du ministre.	
— des sapeurs-pompiers de Paris (présentation au ministère de l'intérieur, pour nomination aux grades, etc.).		Préfecture de police, secrétariat général.	1er b^{au}, 1re sect.
— des sapeurs pompiers (présentation aux grades, au ministre de la guerre).	Intérieur.	Cabinet particulier du ministre.	
OPÉRA-comique, à Paris (surveillance, etc.).	Id.	Division des beaux-arts.	2e.
OR et argent (marque sur les lingots et objets travaillés).	Finances.	Commissions de monnaies.	Bureau de la marque.
— et argent (droits de garantie, de marque).	Id.	Administ. des contributions indirectes.	
— et argent (surveillance de la garantie dans le département de la Seine).		Préfecture de police, 1re division.	1er.
ORAN (colonie française d'Afrique), administration.	Guerre.	Direction des fonds de la comptabilité générale.	Bureau d'Alg.
ORDONNANCES du roi (dépôt, classement, envois, etc.), dans chaque ministère.		Secrétariat général.	B^{au} central.
— du roi (impression, distribution).	Just. et cult.	Direction de l'imprimerie royale.	B^{au} du service actif.

ATTRIBUTIONS.	MINISTÈRES.	DIRECTIONS, ADMINISTRAT^{ons}, DIVISIONS.	BUREAUX.
ORDONNANCES (cavaliers), emploi pour le service d'urgence dans chaque ministère).		Secrétariat général.	B^{au} central.
ORDRE public (maintien, régie administrative).	Intérieur.	Division de la police générale.	1er.
— (mesures administratives dans le département de la Seine).		Préfecture de police, 1re division.	1er.
— royal de la Légion-d'honneur (administration générale).	G^{de} chancel. lég. d'Honn.	Première, deuxième et 3e divisions.	
ORDRES (décorations), français et étrangers (régime général).	Id.	Première division.	
ORPHELINS (placement dans les hospices).	Intérieur.	Administration départementale et communale.	5e.
— de juillet (surveillance administrative dans l'intérêt des).	Id.	Sous-secrétariat d'état.	B^{au} des gardes nationales.
— de juillet (Seine) (id.) (id.)		Préfecture de la Seine, 3e division.	2e.
OURCQ (rivière d'), travaux..		Préfecture de la Seine, 2e division.	2e.
OUVRAGES d'art (commandes, souscriptions).	Intérieur.	Division des beaux-arts.	1er.
— littéraires et scientifiques (surveillance).	Id.	Id.	3e.
— littéraires (dépôt pour la bibliothèque royale, etc.).	Id.	Id.	3e.

ATTRIBUTIONS.	MINISTÈRES.	DIRECTIONS, ADMINISTRAT°ⁿˢ, DIVISIONS.	BUREAUX.
OUVRAGES littéraires et scientifiques.	Inst. publ.	Troisième division.	Bᵘ des sciences et lett., 3ᵉ sect.
— (dépôt pour la bibliothèque du ministère de l'instruction publique).			
— littéraires (souscriptions, pensions).	Id.	Id.	Id.
— (encouragemens).	Id.	Id.	Id.
— utiles (prix).		Académie des sciences.	
— industriels (encouragemens).	Commerce.	Administration de l'industrie agricole et commerciale.	2ᵉ.
OUVRIERS (livrets d'), visa, à Paris.		Préfecture de police, 1ʳᵉ division.	4ᵉ.
— (bataillon d'), administration.	Guerre.	Direction de l'administration.	Bureau de l'int. militaire.
— de marine (levées, etc.).	Marine.	Direction du personnel.	Bᵘ du recrut. des équipages.
OUVROIRS pour les jeunes filles, à Paris (établissement, etc.).		Administration des hospices de Paris.	

ATTRIBUTIONS.	MINISTÈRES.	DIRECTIONS, ADMINISTRAT^{ons}, DIVISIONS.	BUREAUX.
PAIN (réglemens sur la vente, les tarifs).	Commerce.	Administration de l'industrie agricole et commerciale.	4e.
— (réglemens sur la vente, la taxe, à Paris).		Préfecture de police, 2e division.	1er.
PAIRS de France (lettres de convocation).	Just. et cult.	Secrétariat général.	
PALAIS de justice (établissement, réparations).	Intérieur.	Administration départementale et communale.	2e.
— (entretien, mobilier, etc).	Id.	Id	2e,
— de justice (réparation, entretien, mobilier, dans le département de la Seine).		Préfecture de la Seine, 2e division.	3e.
PAPIER timbré (atelier général, distribution, agens, etc.).	Finances.	Administration de l'enregistrement et des domaines.	3e sous-direct.
PARCOURS dans les forêts de l'état, au profit des communes, etc. (autorisations).	Id.	Administration des forêts, 3e division.	Contentieux.
— dans les forêts de l'état (usage au profit des communes).	Intérieur.	Administration départementale et communale.	3e.
PARCS d'artillerie (personnel et matériel).	Guerre.	Direction du personnel et des opérations militaires.	Bureau de l'artillerie.
— du génie (id.).	Id.	Id.	B^{au} du génie.
— (des constructions (id.).	Id.	Direction de l'administration.	B^{au} des transports, etc.
— d'artillerie, du génie, des équipages (remonte).	Id.	Direction du personnel et des opérations militaires.	B^{au} de la caval.

ATTRIBUTIONS.	MINISTÈRES.	DIRECTIONS, ADMINISTRAT^{ons}, DIVISIONS.	BUREAUX.
PAROISSES (circonscription légale).	Just. et cult.	Division du culte catholique.	3e.
PARTAGE de biens des communes, entre les habitans.	Intérieur.	Administration départementale et communale.	3e.
— de bois.	Finances.	Administration des forêts, 3e division.	Contentieux.
PARTS de prises (administration, contentieux, paiement).	Marine.	Direction de la comptabilité des fonds.	Bureau des prises.
PASSAGES d'eau (régie administrative).	Intérieur.	Direction générale des ponts-et-chaussées, section de la navigation.	3e.
— d'eau (recouvrement du produit).	Finances.	Administration des contributions indirectes.	
PASSEPORTS (régie générale administrative).	Intérieur.	Division de la police générale.	3e.
— (visa pour l'étranger).	Aff. étrang.	Direction des archives et chancelleries.	B^{au} de la chancellerie.
— (visa pour l'étranger et pour tout le royaume (à Paris).		Préfecture de police, 1re division.	4e.
— avec secours de route, aux indigens (délivrance à Paris).		Id. Id.	4e.
— (recette des produits, à Paris).		Préfecture de police, comptabilité.	Caisse.
— (impressions).	Just. et cult.	Direction de l'imprimerie royale.	B^{au} du service actif.

ATTRIBUTIONS.	MINISTÈRES	DIRECTIONS, ADMINISTRAT[ons], DIVISIONS.	BUREAUX.
PASSERELLES (établissement, questions y relatives, examen).	Intérieur.	Administration départementale et communale.	1er.
— (travaux par les communes, dépenses).	Id.	Id.	4e.
PASSES - PROVISOIRES (délivrance aux voyageurs étrangers en échange de leurs passeports).	Intérieur.	Divisions de la police générale.	3e.
PASTEURS protestans (personnel).	Just. et cult.	Division des cultes non catholiques.	B[au] des cult. non catholiq.
PATENTES (délivrance).	Finances.	Direction des contributions directes.	3e.
— (instructions relatives à l'assiette de la contribution des).	Id.	Administration centrale, secrétariat général.	3e.
— (délivrance dans le département de la Seine).		Préfecture de la Seine, 4e division.	Commission de répartition des contributions.
PATURAGES (rachat des droits).	Finances.	Administration des forêts, 3e division.	Contentieux.
— communaux (régie administrative).	Intérieur.	Administration départementale et communale.	3e.
PAUVRES (régie générale des biens qui leur sont consacrés, et de leurs droits).	Id.	Id.	5e.
PAVAGE aux frais des communes (dépenses).	Id.	Id.	4e.
— id. id. (traités particuliers).	Id.	Id.	3e.

ATTRIBUTIONS.	MINISTÈRES.	DIRECTIONS, ADMINISTRAT°ⁿˢ, DIVISIONS.	BUREAUX.
PAVAGE des routes royales et départementales.	Intérieur.	Direction générale des ponts-et-chaussées, section des routes et ponts.	
— à Paris (dépenses).		Préfecture de la Seine, 2e division.	2e.
— id. (surveillance).		Préfecture de police, 2e division.	2e.
PAYEURS généraux et particuliers des finances (personnel).	Finances.	Administration centrale, secrétariat particulier.	1re section.
— de finances (assignation de fonds aux).	Id.	Administration centrale, direction du mouvement général des fonds.	2e.
— de finances (comptabilité et contrôle des).	Id.	Administration centrale, direction de la comptabilité générale.	Bᵘ de la compt. des payeurs.
PÉAGES des ponts sur les routes royales et départementales (régie administrative).	Intérieur.	Direction générale des ponts-et-chaussées, section des routes et ponts.	
— des ponts communaux (régie administrative.	Id.	Administration départementale et communale.	1er.
— (recouvrement du produit pour le compte de l'état, taxes).	Finances.	Administration des contributions indirectes.	
PÊCHE (permis, police, amendes, gardes, etc).	Id.	Administration des forêts, 3e division.	Contentieux.
— (recouvrement des produits).	Id.	Administration des contributions indirectes.	
— (adjudication des droits, dans le département de la Seine).		Préfecture de la Seine, 1re division.	3

ATTRIBUTIONS.	MINISTÈRES.	DIRECTIONS , ADMINISTRAT°ⁿˢ, DIVISIONS.	BUREAUX.
PÊCHE surveillance dans le dép^t de la Seine.		Préfecture de police, 2e division.	1er.
— maritime (primes et encouragemens).	Commerce.	Administration de l'industrie agricole et commerciale.	1er.
— maritime (police des équipages).	Marine.	Direction des ports.	Bureau des mouvemens.
— maritime (vérification des produits au retour).	Finances.	Administration des douanes, 2e division.	1er.
— fluviale (régie administrative).	Id.	Administration des forêts, 3e division.	Contentieux.
PENSIONNATS (régime administratif géné- ral.	Inst. publiq.	Première division.	4e.
— (régie particulière dans le département de la Seine).		Préfecture de la Seine, 3e division.	1er.
— (surveillance dans le département de la Seine).		Préfecture de police, secrétariat gén.	2e b^{au}, 1re sect.
— (placement de jeunes personnes au compte de l'état dans quelques).	Intérieur.	Division des beaux-arts.	1er.
PENSIONS (retraites, récompenses de toute nature, à la charge de l'état), caisse générale, répertoire.	Finances.	Administration centrale, direction de la dette inscrite.	3e.
— (retraites, récompenses, Id. Id.) paiement.	Id.	Administration centrale, trésor public.	B^{au} du payeur central.

ATTRIBUTIONS.	MINISTÈRES.	DIRECTIONS, ADMINISTRAT[ons], DIVISIONS.	BUREAUX.
PENSIONS (examen des droits, rétablissement, certificats négatifs, etc.).	Finances.	Administration centrale, direction de la dette inscrite.	3e.
— aux chefs et employés (réglement, dans chaque ministère).		Division de la comptabilité générale.	Bureau des comptes.
— des employés des préfectures et sous-préfectures (réglement).	Intérieur.	Section de l'administration du personnel.	2e.
— des employés des administrations communales (réglement et solde).	Id.	Administration départementale et communale.	4e.
— à la charge des hospices, bureaux de bienfaisance, Monts-de-Piété (réglement).	Id.	Id.	5e.
— des employés des prisons, maisons centrales, dépôts de mendicité, etc. (réglement).	Id.	Administration départementale et communale.	2e.
— aux agens diplomatiques (réglement).	Aff. étrang.	Direction de la comptabilité.	
PENSIONS militaires (réglement).	Guerre.	Direction des fonds de la comptabilité générale.	B[au] des pensions.
— de la marine (id).	Marine.	Direction de la comptabilité des fonds.	B[au] des compt.
— des membres des facultés (réglement).	Instr. publ.	Première division.	2e.
— des fonctionnaires des colléges royaux et communaux (réglement).	Id.	Id.	3e.

ATTRIBUTIONS.	MINISTÈRES.	DIRECTIONS, ADMINISTRAT^{ons}, DIVISIONS.	BUREAUX.
PENSIONS des instituteurs communaux (ré-glement et solde).	Intérieur.	Administration départementale et com-munale.	4e.
— scientifiques et littéraires (décisions).	Instr. publ.	Troisième division.	B^{au} des sciences et let., 1re sect.
— ecclésiastiques (réglement),	Just. et cult.	Division de la comptabilité.	1er.
— des employés de la préfecture, de l'oc-troi municipal, des contributions di-rectes, du département de la Seine).		Préfecture de la Seine, secrétariat gé-néral.	Commiss. des pensions.
— des employés des mairies, de la caisse de Poissy, des abattoirs du départe-ment de la Seine.		Id.	Id.
— des employés du poids public, de la caisse municipale et des eaux de Paris.		Id.	Id.
— des employés de la préfecture de police.		Préfecture de police, comptabilité.	Caisse.
PÉPINIÈRES publiques (régie administra-tive).	Commerce.	Administration de l'industrie agricole et commerciale.	3e.
PERCEPTEURS des finances de l'état (per-sonnel).	Finances.	Administration centrale, secrétariat particulier.	1re section.
PERFECTIONNEMENT (brevets).	Commerce.	Administration de l'industrie agricole et commerciale.	2e.

P

ATTRIBUTIONS.	MINISTÈRES.	DIRECTIONS , ADMINISTRAT°ⁿˢ, DIVISIONS.	BUREAUX.
PERFECTIONNEMENT (délivrance des brevets dans le département de la Seine).		Préfecture de la Seine, secrétariat général.	1ʳᵉ section.
PERMIS (pour port d'armes).	Intérieur.	Division de la police générale.	2ᵉ.
— Id. Id. (visa à Paris).		Préfecture de police, 1ʳᵉ division.	4ᵉ.
— Id. Id. (recette des droits).	Finances.	Administration des contributions indirectes.	
— de chasse.	Id.	Administration des forêts, 3ᵉ division.	Contentieux.
— de pêche.	Id.	Id. Id.	Id.
— pour communiquer avec les prisonniers.	Intérieur.	Administration départementale et communale.	2ᵉ.
— pour communiquer avec les prisonniers(dans le département de la Seine).		Préfecture de police, 1ʳᵉ division.	3ᵉ.
— de séjour (délivrance).	Intérieur.	Division de la police générale.	3ᵉ.
— Id. (visa à Paris).		Préfecture de police, 1ʳᵉ division.	4ᵉ.
PERTES résultant d'incendie, grêle, inondation (secours pour).	Commerce.	Division de la comptabilité générale.	Bureau des secours.
— d'effets et de chevaux (indemnités aux militaires).	Guerre.	Direction de l'administration.	Bᵃᵘ de la solde.
PESAGE public (régie administrative générale).	Commerce.	Administration de l'industrie agricole et commerciale.	5ᵉ.
— (droits au profit des communes).	Intérieur.	Administration départementale et communale.	4ᵉ.

ATTRIBUTIONS.	MINISTÈRES.	DIRECTIONS, ADMINISTRAT^{ons}, DIVISIONS.	BUREAUX.
PESAGE (dépenses d'établissement par les communes).	Intérieur.	Administration départementale et communale.	4^t.
— (bureau central à Paris).		Préfecture de la Seine, 1re division.	1er.
— à domicile dans le départ. de la Seine.		Id.	1er.
— dans les halles, marchés, entrepôts.		Préfecture de police, 2e division.	1er.
— chantiers, sur les ports, etc., dans le département de la Seine (personnel des employés).			
— dans les halles, marchés (perception des droits).		Id.	1er.
— dans les halles, marchés (surveillance et contrôle de la perception des droits).		Préfecture de la Seine, 1re division.	1er.
PÉTITIONS au roi (réception, transmission aux ministres compétens).	Maison du roi.	Cabinet du roi.	B^{au} des pétitions et secours.
— à la reine (réception, transmission aux ministres compétens).	Maison de la reine.	Secrétairerie des commandemens.	Id.
— à S. A. R. Mgr le duc d'Orléans (réception, transmission aux ministres compétens).	Maison de S. A. R.	Id.	Id.
— à S. A. R. Mgr le duc de Nemours (réception, transmission aux ministres compétens).	Id.	Id.	Id.

ATTRIBUTIONS.	MINISTÈRES.	DIRECTIONS, ADMINISTRAT[ons], DIVISIONS.	BUREAUX.
PÉTITIONS à S. A. R. Mad. la princesse Adélaïde d'Orléans (réception, transmission aux ministres compétens).	Maison de S. A. R.	Secrétairerie des commandemens.	B[au] de pétitions et secours.
— aux ministres (réception, transmission aux bureaux compétens), dans chaque ministère).		Secrétariat général.	B[au] central.
PHARES (commission, établissement, etc.).	Intérieur.	Direction générale des ponts-et-chaussées, section de la navigation.	1er.
PHARMACIE (juridiction administrative, écoles de Paris, Strasbourg et Montpellier).	Instr. publ.	Troisième division.	B[au] des sciences et let., 2e sect.
— (surveillance dans le département de la Seine).		Préfecture de police, 2e division.	4e.
PHYSIOLOGIE expérimentale (prix).		Académie des sciences.	
PIERRES (extraction sur les terrains bordant les routes et pour leur réparation).	Intérieur.	Dir[on] générale des ponts-et-chaussées.	Section des routes et ponts.
— pour constructions (mesurage public à Paris).		Préfecture de la Seine, 1re division.	1er.
— à feu (fabrication pour les troupes).	Guerre.	Direction du personnel et des opérations militaires.	B[au] de l'artiller.

ATTRIBUTIONS.	MINISTÈRES.	DIRECTIONS, ADMINISTRAT^{ons}, DIVISIONS.	BUREAUX.
PILOTAGE (juridiction administrative).	Marine.	Direction des ports.	B^{au} de la police de la navigat.
PIONNIERS id.	Guerre.	Direction du personnel et des opérations militaires.	B^{au} de la justice militaire.
PIQUEURS de vin (gourmets-experts), nominations.	Commerce.	Administration de l'industrie agricole et commerciale.	1er.
— de vin dans le département de la Seine (gourmets-experts).		Préfecture de police, secrétariat général.	1er b^{au}, 2e sect.
PLACARDS (affiches), autorisations, surveillance dans le département de la Seine.		Id.	2e b^{au}, 1re sect.
PIRATERIE (répression, etc.)	Marine.	Direction des ports.	B^{au} des mouvemens.
PLACEMENS à intérêts sur l'état.	Finances.	Administration centrale, trésor public.	Caisse centrale.
PLACES (lieux publics), travaux, entretien au compte des communes.	Intérieur.	Administration départementale et communale.	4e.
— (lieux publics) dénomination, alignement.	Id.	Id.	1er.
— (lieux publics) dénomination, alignement (Seine).		Préfecture de la Seine, 2e division.	3e.

ATTRIBUTIONS.	MINISTÈRES.	DIRECTIONS, ADMINISTRAT^{ons}, DIVISIONS.	BUREAUX.
PLACES de guerre (commandans, employés, etc.).	Guerre.	Direction du personnel et des opérations militaires.	B^{au} du génie.
— de guerre (servitudes).	Id.	Id.	Id.
— id. (plans en relief).	Id.	Id.	Id.
— (munitions et armement).	Id.	Id.	Bureau de l'artillerie.
— (instructions et réglemens sur le service des).	Id.	Id.	B^{au} des opérations milit.
— (permissions de bâtir dans les limites des).	Id.	Id.	B^{au} du génie.
PLANS d'alignement de Paris et des villes et bourgs (examen, décisions).	Intérieur.	Administration départementale et communale.	1er.
— des routes royales et départementales (examen, décisions).	Id.	Direction générale des ponts-et-chaussées.	Sect. des routes et ponts.
— en relief des places de guerre (dépôt).	Guerre.	Direction du dépôt de la guerre.	1re section.
— généraux de la guerre id.	Id.	Id.	Id.
— id. de la marine et des colonies (dépôt).	Marine.	Dépôt général des cartes et plans.	
PLANTATIONS sur les bords des routes (régie administrative).	Intérieur.	Direction générale des ponts-et-chaussées.	Sect. des routes et ponts.
— des chemins communaux et vicinaux (régie administrative).	Id.	Administration départementale et communale.	1er.

ATTRIBUTIONS.	MINISTÈRES.	DIRECTIONS, ADMINISTRAT^{ons}, DIVISIONS.	BUREAUX.
PLANTATIONS générales (régime forestier).	Finances.	Administration des forêts, 2e division.	Matériel.
PLANTS (demandes en extraction dans les forêts de l'état.	Id.	Id. 2e division.	Id.
PLAQUES de voitures (délivrance, surveillance dans le département de la Seine).		Préfecture de police, 2e division.	3e.
PLATRE (fours à), autorisations d'établissement).	Commerce.	Administration de l'industrie agricole et commerciale.	5e.
— (fours à), autorisations d'établissement dans le département de la Seine).		Préfecture de police, 2e division.	4e.
PLEINS-POUVOIRS (diplomatie).	Aff. étrang.	Direction politique.	Bureau du protocole.
PLOMBAGE des douanes.	Finances.	Administration des douanes, 2e division.	1er.
PLUS-VALUE à payer par les propriétaires (voirie urbaine).	Intérieur.	Administration départementale et communale.	1er.
— à payer par les propriétaires (voirie urbaine, Seine).		Préfecture de la Seine, 2e division.	3e.
POIDS ET MESURES (régie administrative générale).	Commerce.	Administration de l'industrie agricole et commerciale.	5e.
— dans les halles, marchés, sur les ports, etc., de Paris (personnel).		Préfecture de police, secrétariat général.	1er b^{au}, 2e sect.

ATTRIBUTIONS.	MINISTÈRES.	DIRECTIONS, ADMINISTRAT°ⁿˢ, DIVISIONS.	BUREAUX.
POIDS ET MESURES dans les halles, marchés, sur les ports, etc., de Paris (surveillance et contrôle).		Préfect. de la Seine, 1ʳᵉ division.	1ᵉʳ.
— à domicile dans le département de la Seine.		Id. Id.	1ᵉʳ.
— dans les halles, marchés, sur les ports, etc., de Paris (bureau central).		Id. Id.	1ᵉʳ.
POINÇONS des monnaies, lingots, etc., d'or et d'argent.	Finances.	Commission des monnaies.	Bureau de la marque.
— des douanes (appositions).	Id.	Administration des douanes, 2ᵉ division.	1ᵉʳ.
— de l'imprimerie royale (conservation, usage).	Just. et cult.	Direction de l'imprimerie royale.	
— des poids et mesures (appositions).	Commerce.	Administration de l'industrie agricole et commerciale.	5ᵉ.
— des poids et mesures, à Paris.		Préfecture de police, 2ᵉ division.	1ᵉʳ.
POISSY (caisse de), régie administrative).		Préfecture de la Seine, 1ʳᵉ division.	1ᵉʳ.
— (surveillance du marché de).		Préfecture de police, 2ᵉ division.	1ᵉʳ.
POLICE générale (hautes délibérations y relatives).	Conseil des ministres.		
— administrative générale (direction, etc.).	Intérieur.	Division de la police générale.	1ᵉʳ.

ATTRIBUTIONS.	MINISTÈRES.	DIRECTIONS, ADMINISTRAT^{ons}, DIVISIONS.	BUREAUX.
POLICE de sûreté (direction, etc.).	Intérieur.	Division de la police générale.	1er.
— id. id. dans le département de la Seine), personnel.		Préfecture de police, secrétariat général.	1er b^{au}, 2e sect.
— de sûreté (direction dans le département de la Seine, mesures administratives.		Id. 1re division.	1er.
— municipale (examen des projets de réglemens, etc.).	Id.	Administration départementale et communale.	1er.
— municipale (Seine).		Préfecture de police, 1re division.	1er.
— sanitaire (régie administrative).	Commerce.	Secrétariat général.	B^{au} des établiss. sanitaires.
— du commerce id.	Id.	Administration de l'industrie agricole et commerciale.	1er.
— ecclésiastique id.	Just. et cult.	Division du culte catholique.	1er.
— universitaire id.	Instr. publ.	Première division.	1er.
— correctionnelle id.	Just. et cult.	Division des affaires criminelles, etc.	1er.
— (préfecture de), direction administrative.	Intérieur.	Division de la police générale.	1er.
POMPES funèbres (entreprises).	Id.	Administration départementale et communale.	3e.
— id. id. (Seine).		Préfecture de la Seine, 1re division.	1er.

ATTRIBUTIONS.	MINISTÈRES.	DIRECTIONS, ADMINISTRAT.ⁿˢ, DIVISIONS.	BUREAUX.
POMPES à feu (autorisations d'établisse-ment).	Commerce.	Administration de l'industrie agricole et commerciale.	5ᵉ.
— à feu à Paris (surveillance, etc.)		Préfecture de police, 2ᵉ division.	4ᵉ.
PONDICHÉRY (établissement français dans l'Inde (administration).	Marine.	Direction des colonies.	Bᵃᵘ de législa-tion.
PONTS (étabᵐᵗ de ceux aboutissant aux rou-tes royales et départemˡᵉˢ, péages, etc.)	Intérieur.	Direction générale des ponts-et-chaus-sées.	Sect. des rou-tes et ponts.
— communaux (examen préparatoire).	Id.	Id.	Id.
— id. (établissement, péages, dénominations, etc.)	Id.	Administration départementale et com-munale.	1ᵉʳ.
— (recouvrement du produit des péages).	Finances.	Administration des contributions in-directes.	
— (établissement, etc., etc., dans le dépar-tement de la Seine).		Préfecture de la Seine, 2ᵉ division.	1ʳᵉ.
PONTS à bascule (établissement).	Intérieur.	Direction générale des ponts et chaus-sées, section de la navigation.	2ᵉ.
— Id. (personnel des employés).	Id.	Direction générale des ponts-et-chaus-sées, secrétariat général.	Bureau du per-sonnel.
— Id. Id. (dans le département de la Seine).		Préfecture de police, 2ᵉ division.	3ᵉ.
— sur Seine (administration des trois).	Id.	Direction générale des ponts-et-chaus-sées, section de la navigation.	2ᵉ.

ATTRIBUTIONS.	MINISTÈRES.	DIRECTIONS, ADMINISTRAT^{ons}, DIVISIONS	BUREAUX.
PONTS-ET-CHAUSSÉES (conseil général).	Intérieur.	Direction générale des ponts-et-chaussées, section de la navigation.	
— (travaux généraux).	Id.	Direction générale des ponts-et-chaussées, sections des routes et ponts et de la navigation.	
— (nomination et mouvement des ingénieurs du corps des).	Id.	Direction générale des ponts-et-chaussées, secrétariat général.	Bureau du personnel.
— (nomination et mouvement des conducteurs des travaux, etc.).	Id.	Id.	Id.
— (distributions mensuelles des fonds affectés aux travaux des).	Id.	Direction générale des ponts-et-chaussées, division de la comptabilité.	
— (formation du budget général des dépenses).	Id.	Id.	
— (ordonnancement des dépenses).	Id.	Division de la comptabilite générale.	2°.
— (travaux dans le département de la Seine)	Id.	Préfecture de la Seine, 2e division.	1er.
— (école des).	Id.	Direction générale des ponts-et-chaussées, secrétariat général.	Bureau du personnel.
— (cartes et plans).	Id.	Direction générale des ponts-et-chaussées, dépôt des cartes et plans.	
— correspondance avec les (en ce qui concerne les communes).	Id.	Administration départementale et communale.	1er.

ATTRIBUTIONS.	MINISTÈRES.	DIRECTIONS, ADMINISTRAT^{ons}, DIVISIONS.	BUREAUX.
POPULATION générale du royaume (formation des tableaux).	Intérieur.	Administration départementale et communale.	1er.
— (Seine), mouvement, recensement.		Préfecture de la Seine, 1re division.	2e.
PORTEFAIX (médailles à Paris).		Préfecture de police, 1re division.	1er.
PORTE-FALLOTS (id.)		Id. Id.	1er.
PORTEURS d'eau (permissions, etc., médailles, à Paris).		Préfecture de police. 2e division.	3e.
PORTS (marine royale), administration, police, mouvemens, travaux.	Marine.	Direction des ports.	B^{au} des mouvemens, etc.
— (marine royale), approvisionnemens, matériel, comptabilité.	Id.	Id.	B^{au} des approvisionnemens.
— (marine royale), chiourmes (bagnes), hôpitaux.	Id.	Id.	B^{au} des chiourmes et des hôpitaux.
— (marine royale), artillerie, fonderies, forges.	Id.	Id.	B^{au} du marériel de l'artillerie.
— (marine royale), personnel militaire.	Id.	Direction du personnel.	B^{au} des officiers de vaisseau.
— (id.) personnel des employés eivils.	Id.	Id.	B^{au} des officiers civils.
— (marine royale), personnel des équipages.	Id.	Id.	B^{au} du recrut. des équipages.

ATTRIBUTIONS.	MINISTÈRES.	DIRECTIONS , ADMINISTRAT^{ons}, DIVISIONS.	BUREAUX.
PORTS (marine royale), personnel de l'artillerie, et de la gendarmerie maritime.	Marine.	Direction du personnel.	B^{au} du person. de l'artill., etc.
— (marine royale), police.	Id.	Id.	B^{au} de la police de la navigat.
— (Id.) police des pêches maritimes.	Id.	Direction des ports.	B^{au} des mouv.
— de commerce (administration, travaux).	Intérieur.	Direction générale des ponts-et-chaussées, section de la navigation.	1er.
— (Id.) (personnel des officiers et maitres de ports).	Id.	Direction générale des ponts-et-chaussées, secrétariat général.	B^{au} du personnel.
— (travaux dans le département de la Seine).		Préfecture de la Seine, 2e division.	1er.
— surveillance générale (Seine).		Chambre de commerce de Paris.	
— (surveillance générale et personnel des ouvriers sur les).		Préfecture de police, secrétariat général.	1er b^{au}, 2e sect.
PORTS D'ARMES (délivrance des).	Intérieur.	Division de la police générale.	1er.
— (visa, à Paris).		Préfecture de police, 1re division.	4e.
— (recettes des produits à Paris).		Préfecture de police, comptabilité.	Caisse.
— (recette générale des produits).	Finances.	Administration des contributions indirectes.	

ATTRIBUTIONS.	MINISTÈRES.	DIRECTIONS, ADMINISTRAT[ons], DIVISIONS.		BUREAUX.
POSTES (administration générale).	Finances.	Administration des postes.		
— (personnel des employés supérieurs).	Id.	Administration centrale , secrétariat particulier.		1re section.
— (personnel des employés inférieurs).	Id.	Administration des postes, 1re division.		B[au] du person.
— à Paris (établissement et suppression des bureaux, distributions générales).	Id.	Administration des postes, 2e division.		B[au] de la corresp. intérieur.
— (surveillance des malles et estafettes , franchise, contre-seing, journaux).	Id.	Id.	Id.	Id.
— (distributions dans Paris, affranchissement de et pour Paris).	Id.	Id.	3e division.	B[au] du service de Paris.
— (poste restante, rebuts).	Id.	Id.	Id.	Id.
— (articles d'argent).	Id.	Id.	2e division.	B[au] des articles d'argent.
— (affranchissement des journaux et ouvrages périodiques).	Id.	Id.	3e division.	B[au] de l'affranc. des journaux.
— affranchissement pour l'étranger, chargemens).	Id.	Id.	Id.	B[au] de l'affranc. pour l'étranger
— (taxe des lettres, etc.)	Id.	Id.	Id.	B[au] du départ de l'arriéré.
— (détaxe, non-valeurs).	Id.	Id.	2e division.	B[au] de la vérification.

ATTRIBUTIONS.	MINISTÈRES.	DIRECTIONS, ADMINISTRATᵒⁿˢ, DIVISIONS.		BUREAUX.
POSTES (services par entreprises).	Finances.	Administration des postes, 2e division.		Bᵃᵘ de la corresp. intér.
— (relais, maîtres de poste, postillons).	Id.	Id.	Id.	Bᵃᵘ des relais.
— (services de nuit).	Id.	Id.	Id.	Bᵃᵘ de la correspond. intérieur
— (correspondance et conventions avec les offices étrangers).	Id.	Id.	Id.	Bᵃᵘ de la correspond. étrangèr.
— (personnel, cautionnemens, pensions dans les départemens).	Id.	Id.	1ʳᵉ division.	Bureau du personnel.
— (budget, secours, indemnités).	Id.	Id.	Id.	Bᵃᵘ du budget.
— (archives).	Id.	Id.	Id.	Bᵃᵘ du secrétar.
— (ouverture, analyse des depêches adressées au directeur, transmission dans les bureaux).	Id.	Id.	Id.	Cabinet du directeur.
— (matériel, impressions, surveillance des bâtimens, etc.).	Id.	Id.	1ʳᵉ division.	Bᵃᵘ du matériel.
— (recettes et dépenses pour le service de Paris).	Id.	Id.	3e division.	Bᵃᵘ de l'agent comptable.
— (vérification générale des dépenses, etc.).	Id.	Id.	2e division.	Bᵃᵘ de la vérification.

ATTRIBUTIONS.	MINISTÈRES.	DIRECTIONS. ADMINISTRAT^{ons}, DIVISIONS.	BUREAUX.
POSTES (réception et vérification des dépê-ches, affranchissemens, chargemens, expéditions des courriers et estafettes).	Finances.	Administration des postes, 3e division.	B^{au} du départ et de l'arrivée.
— (suite des affaires concernant les).	Id.	Administration centrale, secrétariat gé-néral.	3e.
POSTES militaires (établissement, occupa-tion, mouvement).	Guerre.	Direct. du personnel et des opérations militaires.	B^{au} des opérat. militaires.
— militaires (établissement, dans le dépar-tement de la Seine).		Préfecture de police, secrétariat géné-ral.	2e b^{au}, 2e sect.
POSTILLONS (personnel, pensions, se-cours, etc.)	Finances.	Administration des postes, 2e division.	Bureau des re-lais.
POUDRES (direction des).	Guerre.	Direction du personnel et des opéra-tions militaires.	Bureau de l'ar-tillerie.
— (vente des).	Finances.	Administration des contributions indi-rectes.	
— (surveillance de la vente).	Intérieur.	Division de la police générale.	1er.
— et salpêtres (service des).	Guerre.	Direction du personnel et des opérations militaires.	Bureau de l'ar-tillerie.
— id. (surveillance dans le dépar-tement de la Seine).		Préfecture de police, deuxième division.	4e.
POUDRETTES (autorisations pour établis-sement).	Commerce.	Administration de l'industrie agricole et commerciale.	5e.

ATTRIBUTIONS.	MINISTÈRES.	DIRECTIONS, ADMINISTRAT^{ons}, DIVISIONS.	BUREAUX.
POUDRETTES (autorisations pour établissement dans le département de la Seine).		Préfecture de police, 2ᵉ division.	4ᵉ.
POUDRIÈRES (constructions).	Guerre.	Direction du personnel et des opérations militaires.	Bureau de l'artillerie.
— id. (examen dans l'intérêt des communes).	Intérieur.	Administration départementale et communale.	1ᵉʳ.
PRÉFECTURES (bâtimens, mobiliers, acquisitions, réparations, dépenses générales).	Id.	Administration départementale et communale.	2ᵉ.
— (conseillers de), personnel.	Id.	Sous-secrétariat d'état.	Bᵃᵘ du personnel.
— (secrétaires généraux), personnel.	Id.	Id.	Id.
— (employés), personnel, pensions, retraites, secours, etc.	Id.	Section de l'administration du personnel.	2ᵉ.
PRÉFETS et sous-préfets (personnel, présentation à la nomination du roi).	Id.	Sous-secrétariat d'état.	Bᵃᵘ du personnel.
— et sous-préfets (abonnemens pour frais de bureaux, etc.)	Id.	Section de l'administration du personnel.	2ᵉ.
— (révision des actes d'administration générale).	Id.	Administration départementale et communale.	1ᵉʳ.
PRÉPOSÉS de l'état (décisions sur mise en jugement des).		Conseil d'état.	Comité de législation.

ATTRIBUTIONS.	MINISTÈRES.	DIRECTIONS, ADMINISTRAT°ⁿˢ, DIVISIONS.	BUREAUX.
PRESBYTÈRES (examen de convenance pour établissement , dépenses sur les fonds consacrés au culte).	Just. et cult.	Division du culte catholique.	3ᵉ.
— (acquisitions, réparations, distractions, mobilier , dépenses au compte des communes).	Intérieur.	Administration départementale et communale.	4ᵉ.
— (ventes, échanges, contentieux).	Id.	Id.	3ᵉ.
— (secours aux communes pour dépenses des).	Just. et cult.	Division du culte catholique.	3ᵉ.
— des communes rurales de la Seine (dépenses générales).		Préfecture de la Seine, 1ʳᵒ division.	1ᵉʳ.
PRÉSÉANCES (diplomatie), décisions.	Aff. étrang.	Direction politique.	Bureau du protocole.
— militaires id.	Guerre.	Direction du personnel et des opérations militaires.	Bᵃᵘ des opérat. militaires.
— (garde nationale) id.	Intérieur.	Sous-secrétariat d'état.	Bᵃᵘ des gardes nationales.
— (cultes) id.	Just. et cult.	Division du culte catholique.	1ᵉʳ.
PRESTATIONS pour les chemins communaux et vicinaux.	Intérieur.	Administration départementale et communale.	1ᵉʳ.
PRÉTOIRES (justices de paix), examen préliminaire pour établissement.	Just. et cult.	Division des affaires civiles et du sceau.	1ᵉʳ.

ATTRIBUTIONS.	MINISTÈRES.	DIRECTIONS, ADMINISTRAT^{ons}, DIVISIONS.	BUREAUX.
PRÉTOIRES (justices de paix), dépenses par les communes.	Intérieur.	Administration départementale et communale.	4e.
PRÊTRES (juridiction temporelle).	Just. et cult.	Division du culte catholique.	1er.
— âgés (secours aux).	Id.	Id.	1er.
— âgés ou infirmes (maisons de retraite pour les).	Id.	Id.	2e.
PRÊTS faits au commerce en vertu de la loi du 17 octobre 1830.	Finances.	Administration centrale, direction du contentieux.	B^{au} de l'agence du trésor publ.
— sur nantissemens.		Monts-de-piété.	
PRÉVOYANCE (caisses de).	Commerce.	Administration de l'industrie agricole et commerciale.	1er.
PRIMES pour les pêches maritimes.	Id.	Id. Id.	1er.
— de commerce.	Id.	Id. Id.	1er.
— des douanes.	Finances.	Administration des douanes, 4e division.	2e.
— pour l'agriculture.	Commerce.	Administration de l'industrie agricole et commerciale.	3e.
— pour l'éducation des chevaux.	Id.	Secrétariat général.	B^{au} des haras.
— id. des bestiaux.	Id.	Administration de l'industrie agricole et commerciale.	3e.
PRISES (attributions de l'ancien conseil des).		Conseil d'état.	Comité de législation, etc.
— paiement des parts de).	Marine.	Direction de la comptabilité des fonds.	B^{au} des prises.

ATTRIBUTIONS.	MINISTÈRES.	DIRECTIONS, ADMINISTRAT°ⁿˢ, DIVISIONS.	BUREAUX.
PRISONS (personnel des employés, adminis-tration, régime, comptabilité, dé-penses générales).	Intérieur.	Administration départementale et com-munale.	2ᵉ.
— (personnel des employés, administra-tion, régime, comptabilité, dépen-ses générales dans le département de la Seine).		Préfecture de police, 1ʳᵉ division.	3ᵉ.
— (permis pour communiquer avec les détenus).	Id.	Administration départementale et com-munale.	2ᵉ.
— (permis pour communiquer avec les détenus, dans le département de la Seine).		Préfecture de police, 1ʳᵉ division.	3ᵉ.
— (construction, travaux, entretien, etc., dans le département de la Seine).		Préfecture de la Seine, 2ᵉ division.	3ᵉ.
— (recette des revenus spéciaux, verse-mens, dans le département de la Seine).		Préfecture de police, comptabilité.	Caisse.
— militaires (administration générale).	Guerre.	Direction du personnel et des opéra-tions militaires.	Bᵘ de la justice militaire.
PRIX littéraires.		Académie française.	
— d'astronomie.		Académie des sciences.	

ATTRIBUTIONS.	MINISTÈRES.	DIRECTIONS, ADMINISTRAT^{ons}, DIVISIONS.	BUREAUX.
PRIX Montyon (de vertu).		Académie française.	
— de numismatique.		Académie royale des inscriptions et belles lettres.	
— de statistique.		Académie des sciences.	
— de physiologie expérimentale.		Id.	
— de mécanique.		Id.	
— pour perfectionnement de la médecine et de la chirurgie.		Id.	
— pour avoir trouvé les moyens de rendre un art ou un métier moins insalubre.		Id.	
— pour ouvrages ou découvertes sur des objets utiles.		Id.	
PROCÉDURES en matière criminelle et correctionnelle (juridiction administrative).	Just. et cult.	Division des affaires criminelles et des graces.	1er.
— en matière civile et de commerce (juridiction administrative).	Id.	Division des affaires civiles et du sceau.	1er.
— des conseils de guerre (juridiction administrative).	Guerre.	Direction du personnel et des opérations militaires.	B^{au} de la justice militaire.
PROCÈS dans l'intérêt des départemens (origine et suite).	Intérieur.	Administration départementale et communale.	2e.

ATTRIBUTIONS.	MINISTÈRES.	DIRECTIONS, ADMINISTRAT^ons, DIVISIONS.	BUREAUX.
PROCÈS dans l'intérêt des communes (origine et suite).	Intérieur.	Administration départementale et communale.	3e.
— dans l'intérêt des hospices (origine et suite).	Id.	Id.	5e.
PRODUCTIONS annuelles de la France (renseignemens sur la généralité).	Commerce.	Administration de l'industrie agricole et commerciale.	3e.
PRODUITS de l'industrie (expositions des).	Id.	Id.	1er.
— de l'industrie (expositions des) à Paris.		Préfecture de la Seine, 3e division.	1er.
PROFESSEURS (juridiction administrative).	Instr. publ.	Première division.	3e.
PROMENADES (établissement, réparation, entretien, au compte des communes).	Intérieur.	Administration départementale et communale.	4e.
— (établissement, réparation, entretien, dans le département de la Seine).		Préfecture de la Seine, 2e division.	3e.
PROPRIÉTÉS de l'état (régie administrative).	Finances.	Administration de l'enregistrement et des domaines.	4e sous-direction.
— monumentales (conservation, etc.)	Intérieur.	Division des beaux-arts.	1er.
— départementales (régie administrative).	Id.	Administration départementale et communale.	2e.
— communales (acquisition, réparation, entretien, dépenses générales).	Id.	Id.	4e.

ATTRIBUTIONS	MINISTÈRES.	DIRECTIONS, ADMINISTRAT^{ons}, DIVISIONS.	BUREAUX.
PROPRIÉTÉS communales (échanges, ventes, contentieux).	Intérieur.	Administration départ. et communale.	3ᵉ.
— des hospices (régie administrative).	Id.	Id.	5ᵉ.
— particulières (acquisitions pour les fortifications par expropriation ou autrement).	Guerre.	Direction du personnel et des opérations militaires.	B^{au} du génie.
— particulières (acquisitions pour les fortifications dans le département de la Seine).		Préfecture de la Seine, 1ʳᵉ division.	3ᵉ.
— immobilières du département de la Seine (conservation).		Id. Id.	1ᵉʳ.
— (acquisitions par les communes).	Intérieur.	Administration départementale et communale.	4ᵉ.
— (expropriations pour alignement dans les communes).	Id.	Id.	3ᵉ.
— (id. pour alignement sur les routes royales et départementales).	Id.	Direction générale des ponts et chaussées, section des routes et ponts.	
PROTESTANT (régie temporelle du culte).	Just. et cult.	Division des cultes non catholiques.	B^{au} des cultes non catholiq.
PROTOCOLE diplomatique.	Aff. étrang.	Direction politique.	Bureau du protocole.

ATTRIBUTIONS.	MINISTÈRES.	DIRECTIONS , ADMINISTRAT°⁰ⁿˢ, DIVISIONS	BUREAUX.
PROVIDENCE (asile de la), administration générale).	Intérieur.	Secrétariat général.	B^au des secours.
PROVISIONS (droit de pouvoir diplomatique).	Aff. étrang.	Direction politique.	B^au du protoc.
PRUD'HOMMES (conseils des).	Commerce.	Administration de l'industrie agricole et commerciale.	2e.
PUITS (surveillance dans le département de la Seine).		Préfecture de police, 2e division.	3e.
— gâtés (curage d'office dans le département de la Seine).		Id. Id.	4e.

ATTRIBUTIONS.	MINISTÈRES.	DIRECTIONS, ADMINISTRAT°ⁿˢ, DIVISIONS.	BUREAUX.
QUAIS (examen de convenance, pour établissement, etc.)	Intérieur.	Direction générale des ponts-et-chaussées, section de la navigation.	2ᵉ.
— bordant les rivières navigables (établissement, travaux, etc.)	Id.	Id.	2ᵉ.
— des rivières non navigables (établissement, dépenses au compte des communes).	Id.	Administration départementale et communale.	4ᵉ.
— dans le département de la Seine (établissement, dépenses).		Préfecture de la Seine, 2ᵉ division.	1ᵉʳ.
QUARANTAINE (lazarets pour).	Commerce.	Secrétariat général.	Bᵃᵘ des établiss. sanitaires.
QUARTIERS des communes (délimitation, circonscription, etc.)	Intérieur.	Administration départementale et communale.	1ᵉʳ.
— de Paris (délimitation , circonscription, etc.)		Préfecture de la Seine, 1ʳᵉ division.	2ᵉ.
— de cavalerie (établissement, dépenses).	Guerre.	Direct. du personnel et des opérat. milit.	Bᵃᵘ du génie.
— de cavalerie (dépenses par les comm.	Intérieur.	Administration départementale et com.	4ᵉ.
QUINZE-VINGTS (hospice), personnel des employés, administration, places gratuites, pensions, etc.)	Id	Division des beaux-arts.	4ᵉ.
QUITUS aux comptables de deniers publics (délivrance de).		Cour des comptes.	

ATTRIBUTIONS.	MINISTÈRES.	DIRECTIONS, ADMINISTRAT°ⁿˢ, DIVISIONS.	BUREAUX.
RAFFINERIES (autorisations pour établissement).	Commerce.	Administration de l'industrie agricole et commerciale.	5ᵉ.
— (autorisations pour établissement dans le département de la Seine).		Préfecture de police, 2ᵉ division.	4ᵉ.
RAMONAGE (surveillance de police administrative).	Intérieur.	Division de la police générale.	1ᵉʳ.
— (surveillance de police administrative dans le département de la Seine).		Préfecture de police, 2ᵉ division.	3ᵉ.
— (questions y relatives dans l'intérêt des localités).	Id.	Administration départementale et communale.	1ᵉʳ.
RANGS (préséances dans l'armée), régime administratif.	Guerre.	Direction du personnel, etc.	Bᵃᵘ du corps compétent.
— (préséances dans la marine royale) régime administratif.	Marine.	Id.	id.
— (préséances pour les fonctionnaires civils), régime administratif.		Ministère compétens, secrétariat général.	
RATIFICATIONS du roi (diplomatie).	Aff. étrang.	Direction politique.	Bureau du protocole.
RATIONS des troupes (manutention, distribution, etc.)	Guerre.	Direction de l'administration.	Bᵃᵘ des subsist. militaires.
— (marine royale).	Marine.	Direction des ports.	Bᵃᵘ des approv. généraux.

ATTRIBUTIONS.	MINISTÈRES.	DIRECTIONS, ADMINISTRAT^{ons}, DIVISIONS.	BUREAUX.
REBUTS (postes).	Finances.	Administration des postes, 3e division.	B^{au} du service de Paris.
RECENSEMENT général de la population.	Intérieur.	Administration départementale et communale.	1er.
— id. (Seine).		Préfecture de la Seine, 1re division.	2e.
— id. pour le service des contributions directes.	Finances.	Direction des contributions directes.	1er.
— pour le service de la garde nationale.	Intérieur.	Sous-secrétariat d'état.	B^{au} des gardes nationales.
RECETTES générales des finances de l'état.	Finances.	Administration centrale. Trésor public.	Caisse centrale.
— publiques (vérification générale).		Cour des comptes.	
— départementales (régie administrative).	Intérieur.	Administration départementale et communale.	2e.
— communales id.	Id.	Id. Id.	4e.
— id. (contentieux).	Id.	Id. Id.	3e.
— des hospices (régie administrative).	Id.	Id. Id.	5e.
— par la préfecture de la Seine (régie administrative).		Préfecture de la Seine, division de la comptabilité.	3e.
— par la préfecture de police (régie administrative).		Préfecture de police, comptabilité.	Caisse.
RECEVEURS généraux et particuliers des finances (personnel).	Finances.	Administration centrale, secrétariat particulier.	1re section.

ATTRIBUTIONS.	MINISTÈRES.	DIRECTIONS, ADMINISTRAT^{ons}, DIVISIONS.	BUREAUX.
RECEVEURS généraux (correspondance avec les).	Finances.	Administration centrale , direction du mouvement général des fonds.	2e.
— id.- (contrôle de la comptabilité des).	Id.	Administration centrale , direction de la comptabilité générale.	B^{au} des recev. gén. et partic.
— généraux (acquittement des mandats).	Id.	Administration centrale , trésor public.	Caisse centrale.
— de l'enregistrement et des domaines (personnel).	Id.	Administration centrale, secrétariat particulier.	1re section.
— de l'enregistrement et des domaines (contrôle de la comptabilité des).	Id.	Administration centrale , direction de la comptabilité générale.	Bureau des receveurs.
— des revenus indirects (comptabilité, contrôle de la gestion des).	Id.	Administration centrale, direction de la comptabilité générale des fonds.	B^{au} de la comp. des receveurs.
— des douanes, des contributions, de la loterie , des monnaies , etc. (personnel).	Id.	Administration centrale , secrétariat particulier.	1re section.
— des douanes, des contributions, de la loterie , des monnaies , etc. (contrôle de la comptabilité des).	Id.	Administration centrale , direction de la comptabilité générale.	Bureau des receveurs.
RECEVEURS municipaux (personnel).	Id.	Administration centrale, secrétariat particulier.	1re section.
— id. (traitement et remises).	Intérieur.	Administration départementale et communale.	4e.

ATTRIBUTIONS.	MINISTÈRES.	DIRECTIONS, ADMINISTRAT^{ons}, DIVISIONS.	BUREAUX.
RECEVEURS des bureaux de bienfaisance et hospices (personnel.)	Intérieur.	Secrétariat général.	B^{au} des secours.
— des bureaux de bienfaisance et hospices (examen des comptes).	Id.	Administration départementale et communale.	5e.
RECEVEURS de deniers publics sans exception (examen annuel des comptes, approbation ou rejet).		Cour des comptes.	
RECHERCHES des individus en état d'arrestation, dans l'intérêt des familles, etc.	Id.	Division de la police générale.	1er.
— des individus en état d'arrestation, dans l'intérêt des familles, etc., dans le département de la Seine.		Préfecture de police, 1re division.	1er.
RECOLEMENS dans les forêts de l'état.	Finances.	Administration des forêts, 2e division.	Matériel.
RÉCOLTES (renseignemens sur le produit et la consommation, etc.)	Commerce.	Administration de l'industrie agricole et commerciale.	4e.
— (compagnies d'assurances).	Id.	Id.	1er.
RÉCOMPENSES nationales.	Intérieur.	Secrétariat général.	B^{au} central.
— pour belles actions (médailles).	Id.	Id.	Bureau des secours.
RECRUTEMENT (tout ce qui s'y rapporte).	Guerre.	Direction du personnel et des opérations militaires.	B^{au} du recrut.

ATTRIBUTIONS.	MINISTÈRES.	DIRECTIONS, ADMINISTRAT^{ons}, DIVISIONS.	BUREAUX.
RECRUTEMENT, tout ce qui s'y rapporte (Seine).		Préfecture de la Seine, 3e division.	3e.
RECTEURS (personnel).	Instr. publ.	Première division.	1er.
— (frais de tournées).	Id.	Division de la comptabilité générale.	2e.
RECUEILS périodiques consacrés à la littérature, aux sciences et aux arts (surveillance générale).	Intérieur.	Division des beaux-arts.	3e.
— périodiques consacrés à la littérature, aux sciences et aux arts (dépôt pour la bibliothèque royale).	Id.	Id.	3e.
— périodiques (dépôt pour la bibliothèque du ministère de l'instruction publique).	Instr. publ.	Troisième division.	B^{au} des sciences et let., 1re sect.
RÉFORME (traitement de), troupes.	Guerre.	Direction des fonds de la comptabilité générale.	Bureau des pensions.
— id. marine royale.	Marine.	Direction de la comptabilité des fonds.	B^{au} des compt.
— id. aux chefs et employés dans chaque ministère.		Direction de la comptabilité générale.	Id.
RÉFRACTAIRES (recherches, etc., etc.)	Guerre.	Direction du personnel et des opérations militaires.	Bureau de la just. milit.
— (recherches, etc., etc., dans le département de la Seine).		Préfecture de police, secrétariat général.	2e b^{au}, 2e sect.

ATTRIBUTIONS.	MINISTÈRES.	DIRECTIONS, ADMINISTRAT^{ons}, DIVISIONS.	BUREAUX.
REFUGE (maisons de), pour les vieillards et les mendians (régie administrative).	Intérieur.	Administration départementale et communale.	2e.
— (maisons de) pour les jeunes condamnés (régie administrative).	Id.	Id.	2e.
RÉFUGIÉS des colonies (avis préliminaire sur secours).	Marine.	Direction des colonies.	Bureau de l'administration.
— des colonies (secours aux).	Commerce.	Division de la comptabilité générale.	Bureau des secours.
— étrangers (police, allocation de secours).	Intérieur.	Division de la police générale.	2e.
— étrangers (paiement des secours).	Id.	Division de la comptabilité générale.	Bureau des comptes.
— égyptiens (secours aux).	Guerre.	Direction des fonds de la comptabilité générale.	Bureau des pensions.
— religionnaires(correspondance politique sur les).	Aff. étrang.	Direction politique.	B^{au} du protoc.
RÉGIE intéressée des salines de l'Est (correspondance avec la).	Finances.	Administration centrale, secrétariat général.	3e.
RÉGIES financières (personnel).	Id.	Administration centrale, secrétariat particulier.	1re section.
RÉGIMENS (création, suppression, changemens, administration).	Guerre.	Direction du personnel et des opérations militaires.	B^{au} des opérations milit.

R

ATTRIBUTIONS.	MINISTÈRES.	DIRECTIONS, ADMINISTRAT°ⁿˢ, DIVISIONS.	BUREAUX.
RÉHABILITATION (demandes en).	Just. et cult.	Division des affaires criminelles et des graces.	2e.
— (demandes en), dans le département de la Seine		Préfecture de la Seine, 1re division.	2e.
RELAIS (postes), régie administrative.	Finances.	Administration des postes, 2e division.	Bau des relais.
RELAIS de mer (prise de possession).	Id.	Administration de l'enregistrement et des domaines.	4e sous-direct.
RELIGIEUX (établissemens), statuts, régle-mens, etc., etc.	Just. et cult.	Division du culte catholique.	3e.
RELIGIONS diverses (juridiction tempo-relle).	Id.	Divisions des cultes catholiques et non catholiques.	
REMÊDES nouveaux et secrets (surveillance, autorisation, etc.)	Commerce.	Secrétariat général.	Bau des établiss. sanitaires.
— nouveaux et secrets (travaux d'analyse).		Académie royale de médecine.	
— Id. (surveillance) Seine.		Préfecture de police, 2e division.	4e.
— saisis dans le département de la Seine (analyse, etc.).		Préfecture de police, conseil de salu-brité.	
REMONTES générales (troupes).	Guerre.	Direction du personnel et des opérations militaires.	Bureau de la cavalerie.
REMPLACEMENS militaires (juridiction ad-ministrative).	Id.	Id.	Bureau du recrutement.

ATTRIBUTIONS.	MINISTÈRES	DIRECTIONS, ADMINISTRAT°ⁿˢ, DIVISIONS.	BUREAUX.
REMPLACEMENS militaires (dans le département de la Seine) juridiction administrative.		Préfecture de la Seine, 3ᶜ division.	3ᶜ.
— militaires (Seine), certificats d'aptitude morale.		Préfecture de police, secrétariat général.	2ᵃ bᵃᵘ, 2ᶜ sect.
RENGAGEMENS (troupes).	Guerre.	Direction du personnel et des opérations militaires.	Bureau du recrutement.
RENSEIGNEMENS dans l'intérêt des familles.	Intérieur.	Division de la police générale.	1ᵉʳ.
— dans l'intérêt des familles (dans le département de la Seine).		Préfecture de police, 1ʳᵉ division.	1ᵉʳ.
— au public (dans chaque ministère).		Secrétariat général.	Bᵃᵘ central.
RENTES (certificats d'inscription sur le grand livre.	Finances.	Administration centrale, direction de la dette inscrite.	1ᵉʳ.
— perpétuelles, etc. (paiement).	Id.	Administration centrale, caisse centrale du trésor.	Bᵃᵘ du payeur.
— (immobilisations provisoires ou définitives).	Id.	Administration centrale, direction de la dette inscrite.	2ᶜ.
— (certificats de propriété à l'appui de mutations demandées).	Id.	Id.	2ᶜ.
— (liquidations, partages, arrérages, nouvelles inscriptions, etc.).	Id.	Id.	1ᵉʳ.

ATTRIBUTIONS.	MINISTÈRES.	DIRECTIONS, ADMINISTRAT^{ons}, DIVISIONS.	BUREAUX.
RENTES (contrôle et visa des certificats).	Finances.	Administration centrale, contrôle central du trésor public.	
— (oppositions, arrérages, indemnités, correspondance générale).	Id.	Administration centrale, direction de la dette inscrite.	B^{au} central.
— (origine, rétablissement).	Id.	Id.	Id.
— (mouvemens, extraits d'inscriptions).	Id.	Id.	1er.
— (achats et ventes pour les habitans des départemens).	Id.	Administration centrale, direction du mouvement général des fonds.	1er.
— (comptes annuels pour la cour des comptes).	Id.	Administration centrale, direction de la dette inscrite.	3e.
— sur la ville de Paris (contrôle).		Préfecture de la Seine, division de la comptabilité.	2e.
— Id. (tirages).		Préfecture de la Seine, secrétariat gén.	1re section.
— sur les villes des départemens (régie administrative).	Intérieur.	Administration départementale et communale.	4e.
RENTIERS de l'état (liste des décédés dans le département de la Seine).		Préfecture de la Seine, 1re division.	3e.
RESCRITS de la cour de Rome.	Just. et cult.	Division du culte catholique.	1er.
RÉSERVE (troupes).	Guerre.	Direction du personnel et des opérations militaires.	B^{au} du recrutement.
RETARDATAIRES (recherches, etc.).	Id.	Id.	Id.

ATTRIBUTIONS.	MINISTÈRES.	DIRECTIONS, ADMINISTRAT^{ons}, DIVISIONS.	BUREAUX.
RETARDATAIRES (recherches dans le département de la Seine).		Préfecture de police, secrétariat général.	2e b^{au}, 2e sect.
RETRAITE (maisons de) pour les prêtres âgés ou infirmes.	Just. et cult.	Division du culte catholique.	2e.
RETRAITES (pensions aux chefs et employés), réglement dans chaque ministère.		Division de la comptabilité générale.	B^{au} descomptes pensions, etc.
— (pensions aux chefs et employés) paiement.	Finances.	Administration centrale, trésor public.	B^{au} du payeur central.
RÉUNIONS (police des).	Intérieur.	Division de la police générale.	1er.
— (police des), dans le département de la Seine.		Préfecture de police, secrétariat général.	2e b^{au}, 1re sect.
RÉVÉLATIONS en faveur des hospices, et établissemens de bienfaisance.	Id.	Administration départementale et communale.	5e.
REVENDEURS (surveillance dans le département de la Seine).		Préfecture de police, 1re division.	1er.
— de livres et gravures (dans le département de la Seine), surveillance.		Préfecture de police, secrétariat général.	2e b^{au}, 1re sect^{on}.
— de livres (autorisations).	Id.	Division des beaux-arts.	3e.
RÉVISION (conseils de).	Guerre.	Direction du personnel et des opérations militaires.	Bureau du recrutement.
REVUES (troupes), décisions, mesures administratives, etc.	Id.	Id.	B^{au} des opérat. militaires.

ATTRIBUTIONS.	MINISTÈRES.	DIRECTIONS, ADMINISTRAT^{ons}, DIVISIONS.	BUREAUX.
REVUES de la garde nationale (décisions, mesures administratives).	Intérieur.	Sous-secrétariat d'état.	B^{au} des gardes nationales.
RIVIRÈES navigables et flottables (régie administrative).	Id.	Direction générale des ponts-et-chaussées, section de la navigation.	2e.
— non navigables ni flottables (régie administrative).	Id.	Administ. département. et communale.	1er.
— navigables et flottables (classification des).	Finances.	Administration des forêts, 3e division.	Contentieux.
— (usines sur les), autorisations.	Intérieur.	Direction générale des ponts et chaussées, section de la navigation.	3e.
— travaux (Seine).		Préfecture de la Seine, 2e division.	2e.
— de Bièvre, Croult et Rouillon (curage).		Préfecture de police, 1re division.	1er.
ROULAGE général (exécution des lois et réglemens).	Id.	Direction générale des ponts-et-chaussées, section des routes et ponts.	
— général (exécution des lois et réglemens dans le département de la Seine).		Préfecture de police, 2e division.	3e.
— commercial (régie administrative).	Commerce.	Administration de l'industrie agricole et commerciale.	1er.
ROUTES royales départementales et stratégiques (établissement, travaux, etc.).	Intérieur.	Direction générale des ponts-et-chaussées, section des routes et ponts.	
— communales (établissement , travaux, etc.).	Id.	Administration départementale et communale.	1er.

ATTRIBUTIONS.	MINISTÈRES.	DIRECTIONS, ADMINISTRAT^{ons}, DIVISIONS.	BUREAUX.
ROUTES (répartition entre les départemens des fonds destinés aux).	Intérieur,	Direction générale des ponts-et-chaussées, section des routes et ponts.	
— (Seine) direction des fonds affectés aux dépenses.	Id.	Préfecture de la Seine, 2e division.	1er.
— stratégiques (sous les rapports militaires).	Guerre.	Direct. du personnel et des opérations militaires.	B^{au} du génie.
RUES(ouverture, alignement, dénominations, grande et petite voiries.).	Intérieur.	Administration départementale et communale.	1er.
— (ouverture, alignement, dénominations, grande voirie dans le département de la Seine).		Préfecture de la Seine, 2e division.	4e.
— (nivellement, dans le département de la Seine).		Id. 2e division.	2e.
— (nettoiement et petite voirie, dans le département de la Seine).		Préfecture de police, 2e division.	3e.
RUISSEAUX (questions y relatives) dans l'intérêt des localités.	Intérieur.	Administration départementale et communale.	1er.

ATTRIBUTIONS.	MINISTÈRES.	DIRECTIONS, ADMINISTRAT^{ons}, DIVISIONS.	BUREAUX.
SAGES-FEMMES (réception, etc.).	Instr. publ.	Troisième division.	B^{au} des sciences et let., 2e sect.
— (nomination des élèves qui suivent à Paris les cours de la maison d'accouchement aux frais du département de la Seine).		Préfecture de la Seine, 3e division.	2e.
— (surveillance dans le département de la Seine).		Préfecture de police, 2e division.	4e.
SAINT-CLOUD (bien que du département de Seine-et-Oise), police administrative.		Préfecture de police.	
SAINT-CYR (école royale spéciale militaire), personnel et administration.	Guerre.	Direction du personnel et des opérations militaires.	B^{au} de l'infant.
— (examen des aspirans, à Paris).		Préfecture de la Seine, 3e division.	1er.
SAINT-DENIS (canonicats du chapitre royal de).	Just. et cult.	Division du culte catholique.	1er.
SAINT-LOUIS (colonie française) administration, etc.	Marine.	Direction des colonies.	Bureau de la législation.
SAINT-PIERRE (colonie française), administration, etc.	Id.	Id.	Id.
SALAISONS (délivrance de sels, police, etc.)	Finances.	Adm. des douanes, 1re division.	2e.

ATTRIBUTIONS.	MINISTÈRES.	DIRECTIONS, ADMINISTRAT^{ons}, DIVISIONS	BUREAUX.
SALINES (régie administrative).	Finances.	Administration des douanes, 1re division.	2e.
— de l'est (correspondance avec la régie intéressée des).	Id.	Administration centrale, secrétariat général.	3e.
SALLES d'asile (examen de convenance, établissement, etc.)	Intérieur.	Administration départementale et communale.	5e.
— d'asile (dépenses par les communes).	Id.	Id.	4e.
— d'asile (secours aux communes pour établissement).	Instr. publ.	Première division.	4e.
— de spectacle (établissement, etc., par les communes).	Intérieur.	Administration départementale et communale.	4e.
— de spectacle (police).	Id.	Division de la police générale.	1er.
— de spectacle (police dans le département de la Seine).		Préfect. de police, secrétariat général.	2e B^{au}, 1re sect.
— de dissection (Seine), surveillance.		Préfecture de police, 2e division.	4e.
— de vente (surveillance générale).	Commerce.	Administration de l'industrie agricole et commerciale.	1er.
— de vente (Seine), surveillance.		Préfecture de police, 1re division.	1er.
SALPÊTRES (directions, régie générale).	Guerre.	Direct. du personnel et des opérations militaires.	B^{au} de l'artiller.
SALTIMBANQUES (surveillance générale).	Intérieur.	Division de la police générale.	1er.
— (surveillance dans le département de la Seine),		Préfecture de police, secrétariat général.	2e b^{au}, 1re sect.

ATTRIBUTIONS.	MINISTÈRES.	DIRECTIONS, ADMINISTRAT^{ons}, DIVISIONS.		BUREAUX.
SALUBRITÉ publique (régime administratif général).	Commerce.	Secrétariat général.		B^{au} des établiss. sanitaires.
— publique (régime administratif dans le département de la Seine).		Préfecture de police, 2e division.		4e.
— publique (Seine), conseil de.		Préfecture de police.		
SANTÉ publique (régime administratif général).	Id.	Secrétariat général.		B^{au} des établissemens sanit.
— publique (régime administratif dans le département de la Seine).		Préfet. de police, 2e division.		4e.
— (conseil supérieur de).	Id.	Secrétariat général.		
— des armées (conseil de).	Guerre.	Direction de l'administration.		Bureau des hôpitaux.
— (service de) pour la marine royale.	Marine.	Direction des ports.		Id.
SAPEURS-POMPIERS de Paris (administration, régime, direction du service).		Préfecture de police, secrétariat général.		1er b^{au}, 1re sect.
— (personnel des officiers, présentation aux grades, au ministère de l'intérieur).		Id.	Id.	Id.
— (personnel des sous-officiers, présentation aux grades, au ministre de l'intérieur).		Id.	Id.	2e b^{au}, 1re sect.
— (établissement du budget du corps).		Id.	Id.	Id.

ATTRIBUTIONS.	MINISTÈRES.	DIRECTIONS, ADMINISTRAT°ⁿˢ, DIVISIONS.	BUREAUX.
SAPEURS-POMPIERS de Paris (présentation aux grades, au ministre de la guerre).	Intérieur.	Cabinet particulier du ministre.	
— (nomination aux grades, etc.).	Guerre.	Direction du personnel et des opérations militaires.	Bᵃᵘ de la gendarmerie.
— (casernement).		Préfecture de la Seine, 3ᵉ division.	3ᵉ.
— (dépôt des caisses à 3 clés).		Préfecture de police. Comptabilité.	Caisse.
— (garde nationale, dans les départemens), administration générale.	Intérieur.	Sous-secrétariat d'état.-	Bᵃᵘ des gardes nationales.
SAUMUR (école de cavalerie), administration, personnel, etc.	Guerre.	Direction du personnel et des opérations militaires.	Bureau de la cavalerie, etc.
SAUVETAGE (récompenses, médailles pour).	Intérieur.	Secrétariat général.	Bᵃᵘ des secours.
SAVANS (journal des), direction administrative.	Just. et cult.	Division des affaires civiles et du sceau.	2ᵉ.
SCEAU des lois (référendaires, droits à verser au trésor, etc.)	Id.	Id.	2ᵉ.
— (garde et usage), dans chaque ministère.		Secrétariat général.	Bᵃᵘ central.
SCEAUX (type des).	Just. et cult.	Id.	Bᵃᵘ des archives
— (marché de), mesures relatives aux approvisionnemens généraux.	Commerce.	Administration de l'industrie agricole et commerciale.	4ᵉ.
— (marché de), régie administrative.		Préfecture de police, 2ᵉ division.	1ᵉʳ.
SCIENCES (direction administrative, nomination des fonction. de la faculté des).	Inst. publ.	Première division.	2ᵉ.

ATTRIBUTIONS.	MINISTÈRES.	DIRECTIONS, ADMINISTRAT^{ons}, DIVISIONS.	BUREAUX.
SCIENCES (instruction supérieure), juridiction administrative.	Instr. publ.	Première division.	2e.
— (instruction secondaire), juridiction administrative.	Id.	Id.	3e.
— et lettres (juridiction administrative).	Id.	Troisième division.	B^{au} des sciences et let., 1re sect.
— et lettres (pensions, encouragemens, souscriptions, cours).	Id.	Id.	Id.
— (prix).		Académie des sciences.	
SECOURS généraux aux indigens sur les fonds alloués au budget, distributions mensuelles.	Intérieur.	Secrétariat général.	B^{au} des secours.
— généraux aux établissemens de bienfaisance et d'utilité publique.	Id.	Id.	Id.
— dans les départemens pour pertes par suite d'incendie, grêle, inondation.	Commerce.	Division de la comptabilité générale.	Id.
— aux communes pour travaux aux édifices du culte.	Just. et cult.	Division du culte catholique.	3e.
— de la maison du roi.	Mais. du roi.	Cabinet du roi, secrétariat.	B^{au} des pétitions et secours.
— de la maison de la reine.	Maison de la reine.	Secrétairerie des commandemens.	Id.

ATTRIBUTIONS.	MINISTÈRES.	DIRECTIONS , ADMINISTRAT^{ons}, DIVISIONS.	BUREAUX.
SECOURS de la maison de S. A. R. Mgr. le duc d'Orléans.	Mais. de S. A. R,	Secrétairerie des commandemens.	B^{au} des pétitions et secours.
— de la maison de S. A. R. Mgr. le duc de Nemours.	Id.	Id.	Id.
— de la maison de S. A. R. M^{de} la princesse Adélaïde-d'Orléans).	Id.	Id.	Id.
— aux colons.	Commerce.	Division de la comptabilité générale.	Bureau des secours.
— aux colons (avis sur).	Marine.	Directions des colonies.	Bureau d'administration.
— aux étrangers (Seine).		Préfecture de police, secrétariat général.	2e b^{au}, 2e sect.
SECOURS aux réfugiés (décisions).	Intérieur.	Division de la police générale.	1er.
— aux réfugiés (paiement).	Id.	Division de la comptabilité générale.	Bureau des comptes.
— id. égyptiens.	Guerre.	Direction du personnel et des opérations militaires.	B^{au} des pens.
— aux artistes.	Intérieur.	Division des beaux-arts.	1er.
— aux militaires, à leurs veuves et à leurs enfans.	Guerre.	Dir^{on} des fonds de la comptabilité gén^{le}.	Bureau des pensions.
— éventuels aux anciens militaires ou agens du département de la guerre.	Id.	Id.	Id.

ATTRIBUTIONS.	MINISTÈRES.	DIRECTIONS, ADMINISTRAT^{ons}, DIVISIONS.	BUREAUX.
SECOURS éventuels accordés par le roi à des militaires, à leurs veuves et enfans.	Guerre.	Direction des fonds de la comptabilité générale.	Caisse de l'int. du ministère.
— aux anciens membres de l'Université.	Instr. pub.	Première division.	1er.
— aux communes pour établissement de classes d'adultes.	Id.	Id.	4e.
— aux prêtres âgés ou infirmes.]	Just. et cult.	Division du culte catholique.	1er.
— aux anciennes religieuses.	Id.	Id.	1er.
— à domicile, par les bureaux de bienfaisance).	Intérieur.	Administration départementale et communale.	5e.
— à domicile par les bureaux de bienfaisance (Seine).		Préfecture de la Seine, 3e division.	2e.
— pour les maladies épidémiques (Seine).		Id. Id.	2e.
— généraux pour les maladies épidémiques.	Commerce.	Secrétariat général.	B^{au} des établiss. sanitaires.
aux asphyxiés, noyés, etc., à Paris.		Préfecture de police, conseil de salubrité.	
— aux asphixiés, noyés, etc., à Paris (matériel des).		Préfecture de police, 2e division.	1er.
— mutuels (surveillance des sociétés dans le département de la Seine).		Préfecture de police, secrétariat général.	2e b^{au}, 2e sect.
— mutuels (autorisations, surveillance générale,.	Id.	Administration de l'industrie agricole et commerciale.	1er.

ATTRIBUTIONS.	MINISTÈRES.	DIRECTIONS, ADMINISTRAT^{ons}, DIVISIONS.	BUREAUX.
SECOURS particuliers aux indigens, à Paris.		Société philantropique.	
— particuliers aux indigens malades, à Paris.		Société médico-philantropique.	
— particuliers aux malades des sociétés de secours mutuels de Paris.		Société générale de prévoyance.	
— particuliers aux femmes en couches.		Sociétés maternelles.	
SECRÉTAIRES généraux des préfectures (personnel).	Intérieur.	Sous-secrétariat d'état.	Bureau du personnel.
SEINE (travaux).		Préfecture de la Seine, 2e division.	1er.
— (police de la navigation, établissemens, usines, etc.).		Préfecture de police, 2e division.	1er.
SEINOMÉTRAGE (tableau de la hauteur des eaux de la Seine).	Id.	Direction générale des ponts-et-chaussées, section de la navigation.	2e.
---- (rapports particuliers, détails y relatifs).		Préfecture de police, 2e division.	1er.
SÉJOUR (permis et visa des permis dans le département de la Seine).		Id. 1re division.	4e.
SELS (entrepôts, droits, immunités, délivrance, etc.).	Finances.	Administration des douanes, 1re division.	2e.
— (saisies, contraventions, crédits en souffrance, contentieux).	Id.	Id. Id.	1er.

ATTRIBUTIONS.	MINISTÈRES.	DIRECTIONS. ADMINISTRAT^{ons}, DIVISIONS.	BUREAUX.
SELS (correspondance avec la régie inté-ressée).	Finances.	Administration centrale, secrétariat gé-néral.	3e.
— (recouvrement de l'impôt en dedans du rayon des douanes).	Id.	Administration des contributions indi-rectes.	
— (personnel des employés supérieurs).	Id.	Administration centrale , secrétariat particulier.	1re section.
— (personnel des employés inférieurs).	Id.	Administration des douanes.	Bureau du per-sonnel.
SÉMINAIRES (établissement, travaux, ameu-blement, dépenses générales).	Just. et cult.	Division du culte catholique.	2e.
SEMIS-PLANTATIONS dans les forêts de l'état.	Finances.	Administration des forêts, 2e division.	Matériel.
SÉNÉGAL (colonie française), administra-tion.	Marine.	Direction des colonies.	Bureau de lé-gislation, etc.
SENTIERS (établissement, démarcation, etc., dans l'intérêt des communes).	Intérieur.	Administration départementale et com-munale.	1er.
SÉPULTURES (établissement des lieux de , concessions de terrains aux particu-liers, réglemens, etc.).	Id.	Id.	4e.
— (établissement des lieux, etc.) dans le dé-partement de la Seine.		Préfecture de la Seine, 1re division.	1er.

ATTRIBUTIONS.	MINISTÈRES.	DIRECTIONS, ADMINISTRAT^{ons}, DIVISIONS.	BUREAUX.
SÉPULTURES (surveillance dans le département de la Seine).		Préfecture de police, 2e division.	4e.
SÉQUESTRE (biens en).	Finances.	Administration de l'enregistrement et des domaines.	4e sous-direct.
SERVICE ordinaire et en campagne (troupes), réglemens, administration.	Guerre.	Direction du personnel et des opérations militaires.	Bureau des opérations milit.
— des places (réglemens, administration).	Id.	Id.	Id.
— à l'étranger (autorisations).	Id.	Id.	Id.
— à l'étranger (autorisations civiles).	Just. et cult.	Division des affaires civiles et du sceau.	2e.
— militaire (discussions d'honneurs, de préséances, etc.)	Guerre.	Direction du personnel et des opérations militaires.	Bureau des opérations milit.
SERVICES militaires (certificats de).	Id.	Secrétariat général.	B^{au} des lois et archives.
SERVITUDES des places de guerre (juridiction administrative).	Id.	Direction du personnel et des opérations militaires.	B^{au} du génie.
— des communes (juridiction administrative).	Intérieur.	Administration départementale et communale.	3e.
SESSIONS électorales (juridiction administrative).	Id.	Section de l'admi istrat. du personnel.	1er.
SEVRAGE (maisons de), surveillance dans le département de la Seine.		Préfecture de police, 1re division.	3e.

ATTRIBUTIONS.	MINISTÈRES.	DIRECTIONS, ADMINISTRAT°ⁿˢ, DIVISIONS.	BUREAUX.
SÈVRES (bien que du département de Seine-et-Oise), police administrative.		Préfecture de police.	
SÈVRES (manufacture royale de porcelai-nes de), administration.	Int. gén. de la liste civ.	Direction des manufactures royales.	--
SIÉGE (service des approvisionnemens de).	Guerre.	Direction du personnel et des opéra-tions militaires.	Bureau de l'ar-tillerie.
SIGNATURES (légalisation), dans chaque ministère.		Secrétariat général.	Bᵃᵘ des archiv.
SIGNIFICATIONS à l'étranger.	Aff. étrang.	Direction des chancelleries.	Bureau de la chancellerie.
SOCIÉTÉ royale d'agriculture (réglemens, statuts, etc.)	Commerce.	Administration de l'industrie agricole et commerciale.	3ᵉ.
— royale des antiquaires, de géographie, de géologie, de statistique univer-selle (réglemens, statuts, etc.)	Instr. publ.	Troisième division.	Bᵃᵘ des sciences et let., 1ʳᵉ sect.
— pour l'encouragement de l'industrie na-tionale (réglemens, statuts, etc.)	Commerce.	Administration de l'industrie agricole et commerciale.	2ᵉ.
SOCIÉTÉ de médecine pratique (réglemens, statuts, etc.)	Inst. publ.	Troisième division.	Bᵃᵘ des sciences et let., 1ʳᵉ sect.
— médico-philantropique (réglemens, sta-tuts, etc.)	Id.	Id.	Id.

ATTRIBUTIONS.	MINISTÈRES.	DIRECTIONS, ADMINISTRAT^{ons}, DIVISIONS.	BUREAUX.
SOCIÉTÉ générale de prévoyance, à Paris (réglemens, statuts, etc.)		Préfecture de police, secrétariat général.	1er b^{au}, 1re sect.
— de la providence, à Paris (réglemens, statuts, administration générale).	Intérieur.	Secrétariat général.	B^{au} des secours.
SOCIÉTÉS maternelles (réglemens, statuts, etc.)	Id.	Division des beaux-arts.	4e.
— de bienfaisance (réglemens, statuts, etc.)	Intérieur.	Administration départementale et communale.	5e.
— savantes et littéraires id.	Instr. publ.	Troisième division.	B^{au} des sciences et lett., 1re sect.
— savantes et littéraires, à Paris (régleglemens, statuts, etc.)		Préfecture de la Seine, 3e division.	1er.
— philantropiques (réglemens, statuts, etc.)	Intérieur.	Administration départementale et communale.	5e.
— philantropiques, dans le département de la Seine (réglemens, statuts, etc.)		Préfecture de police, secrétariat général.	1er b^{au}, 1re sect.
— d'assurances id.	Commerce.	Administration de l'industrie agricole et commerciale.	1er.
— anonymes de commerce (réglemens, statuts, etc.)	Id.	Id.	1er.
— d'agriculture (réglemens, statuts, etc.)	Id.	Id.	3e.

ATTRIBUTIONS.	MINISTÈRES.	DIRECTIONS, ADMINISTRAT°ⁿˢ, DIVISIONS.	BUREAUX.
SOCIÉTÉS littéraires et scientifiques, à Paris (surveillance).		Préfecture de police, secrétariat général.	2e bᵃᵘ, 1ʳᵉ sect.
— anonymes, à Paris (examen des statuts, etc.)		Id.　　　Id.	1ᵉʳ bᵃᵘ, 1ʳᵉ sect.
SOIES (conditions publiques).	Commerce.	Administration de l'industrie agricole et commerciale.	2ᵉ.
SOLDATS (juridiction administrative générale).	Guerre.	Direction du personnel et des opérations militaires.	Bᵃᵘ du corps, etc.
— (jeunes), appel, incorporation.	Id.	Id.	Bureau du recrutement.
SOLDE générale (troupes), moins la gendarmerie.	Id.	Direction de l'administration.	Bᵃᵘ de la solde.
— de la gendarmerie.	Id.	Direction du personnel et des opérations militaires.	Bᵃᵘ de la gendarmerie.
SOUDE (fabriques de), avis sur autorisations.	Finances.	Administrat. des douanes, 1ʳᵉ division.	2ᵉ.
— (fabriques de), autorisations.	Commerce.	Administration de l'industrie agricole et commerciale.	5ᵉ.
SOUMISSIONS (marchés, adjudications), dans chaque ministère.		Secrétariat général.	Bᵃᵘ central.
— (marchés, adjudications) de la préfecture de la Seine.		Préfecture de la Seine, secrétariat gén.	1ʳᵉ section.

ATTRIBUTIONS.	MINISTÈRES.	DIRECTIONS, ADMINISTRAT°ⁿˢ, DIVISIONS.	BUREAUX.
SOUMISSIONS (marchés , adjudications) de la préfecture de police.		Préfecture de police, secrétariat génér.	1ᵉʳ bᵃᵘ, 1ʳᵉ sect.
SOURDS-MUETS (institutions), administration, bourses, etc.	Intérieur.	Division des beaux-arts.	4ᵉ.
— (institutions), administration, bourses, etc. (Seine).		Préfecture de la Seine, 3ᵉ division.	1ᵉʳ.
SOUSCRIPTIONS aux ouvrages scientifiques.	Instr. publ.	Troisième division.	Bᵃᵘ des sciences et let., 1ʳᵉ sect.
— aux ouvrages littéraires, etc.	Intérieur.	Division des beaux-arts.	1ᵉʳ.
SOUS-OFFICIERS de l'armée (personnel).	Guerre.	Direction du personnel et des opérations militaires.	Bureau compétent du corps.
SOUS-PRÉFETS (personnel).	Intérieur.	Sous-secrétariat d'état.	Bureau du personnel.
— (traitement , indemnités , abonnemens, etc.)	Id.	Section de l'administration du personnel.	2ᵉ.
SOUS-PRÉFECTURES (dépenses pour les hôtels) au compte des départemens.	Id.	Administration départementale et communale.	2ᵉ.
SPECTACLES (régime scénique , personnel des directeurs et entrepreneurs).	Id.	Division des beaux-arts.	2ᵉ.
— (dépenses au compte des communes).	Id.	Administration départementale et communale.	4ᵉ.

ATTRIBUTIONS.	MINISTÈRES.	DIRECTIONS, ADMINISTRAT^{ons}, DIVISIONS.	BUREAUX.
SPECTACLES (police dans le département de la Seine).		Préfecture de police, secrétariat général.	2e b^{au}, 1re sect.
— droits des pauvres (perception et régie).	Intérieur.	Administration départementale et communale.	5e.
STATIONNÉMENT sur la voie publique (droits au profit des communes).	Id.	Id.	4e.
STATISTIQUE (prix de).		Académie des sciences.	
— civile (juridiction).	Just. et cult.	Division des affaires civiles et du sceau.	1er.
— commerciale (juridiction).	Commerce.	Conseil supérieur, secrétariat général.	2e.
— administrative (juridiction).	Intérieur.	Administration départementale et communale.	1re.
— militaire id.	Guerre.	Direction du dépôt de la guerre.	4e section.
— universitaire id.	Instr. publ.	Première division.	1er.
— de l'instruction primaire (juridiction).	Id.	Id.	4e.
— forestière (juridiction).	Finances.	Administration des forêts, 2e division.	Matériel.
— (Seine) travaux, renseignemens.		Préfecture de la Seine, première division.	2e.
STATUES (érection, commandes au compte de l'état).	Intérieur.	Division des beaux-arts.	1er.
SUBSIDES aux étrangers.	Id.	Division de la police générale.	1er.
— id. (Seine).		Préfecture de police, secrétariat général.	2e b^{au}, 2e sect.

ATTRIBUTIONS.	MINISTÈRES.	DIRECTIONS, ADMINISTRAT°ⁿˢ, DIVISIONS.	BUREAUX.
SUBSISTANCES générales (régie adminis-trative).	Commerce.	Administration de l'industrie agricole et commerciale.	4ᵉ.
— des troupes (personnel du service).	Guerre.	Direction de l'administration.	Bᵃᵘ de l'intend. militaire.
— des troupes (matériel, marchés, adju-dications, délivrances, etc.)	Id.	Id.	Bureau des sub-sistances milit.
— (pour la marine royale), personnel du service.	Marine.	Direction du personnel.	Bᵃᵘ des officiers civils.
— (pour la marine royale), matériel, mar-chés, adjudications, délivrances, etc.)	Id.	Direction des ports.	Bureau des ap-provision. gén.
SUBVENTIONS aux théâtres royaux (exa-men, décisions, etc.)	Intérieur.	Division des beaux-arts.	2ᵉ.
SUCCESSIONS dévolues à l'état (prise de possession, etc.)	Finances.	Direction de l'enregistrement et des domaines.	4ᵉ sous-direct.
— dévolues à l'état (prise de possession dans le département de la Seine).		Préfecture de la Seine, 1ʳᵉ division.	3ᵉ.
— des officiers (régie administrative).	Guerre.	Direction de l'administration.	Bᵃᵘ de la solde.
SUCCURSALES (érections temporelles).	Just. et cult.	Division du culte catholique.	3ᵉ.
SUCRES (jury pour la vérification des).	Commerce.	Administration de l'industrie agricole et commerciale.	1ᵉʳ.
SUICIDES (examen de police dans le dépar-tement de la Seine).		Préfecture de police, 1ʳᵉ division.	1ᵉʳ.

ATTRIBUTIONS.	MINISTÈRES.	DIRECTIONS , ADMINISTRAT^{ons}, DIVISIONS	BUREAUX.
SUIFFERIES (autorisations pour établissement).	Commerce.	Administration de l'industrie agricole et commerciale.	5°.
— (autorisations dans le département de la Seine).		Préfecture de police, 2° division.	4°.
SURETÉ de l'état (hautes délibérations sur la).	Conseil des ministres.		
— publique (mesures générales pour la).	Intérieur.	Division de la police générale.	1er.
— publique (correspondance sous le rapport de la force armée).	Guerre.	Direction du personnel et des opérations militaires.	B^{au} des opérat. militaires.
— publique (mesures administratives dans le département de la Seine).		Préfecture de police, 1re division.	1er.
— (cartes de), délivrance, visa à Paris.		Id. Id.	4°.
SURVEILLANCE légale des condamnés libérés.	Intérieur.	Division de la police générale.	2°.
SYNAGOGUES (circonscription, etc.).	Just. et cult.	Division des cultes non catholiques.	B^{au} des cultes non catholiq.
SYNDICATS du commerce (régie administrative).	Commerce.	Administration de l'industrie agricole et commerciale.	1er.
— des bouchers (Seine), régie administrative.		Préfecture de police, 2° division.	1er.
— des boulangers (Seine), régie administrative.		Id. Id.	1er.

ATTRIBUTIONS.	MINISTÈRES.	DIRECTIONS, ADMINISTRAT^{ons}, DIVISIONS.	BUREAUX.
SYNDICAT des loueurs de voitures (Seine), régie administrative.		Préfecture de police, 2e division.	3e.
SYNODES des Israélites et protestans (régie administrative).	Just. et cult.	Division des cultes non catholiques.	B^{au} des cultes non catholiq.
SYSTÈME métrique (maintien et propagation).	Commerce.	Administration de l'industrie agricole et commerciale.	5e.

T

ATTRIBUTIONS.	MINISTÈRES.	DIRECTIONS, ADMINISTRAT^{ons}, DIVISIONS.	BUREAUX.
TABACS (approvisionnemens , fabrication, travaux).	Finances.	Administration des tabacs.	
— (entrepôts, bureaux de débit, personnel des débitans et entreposeurs, surveillance).	Id.	Administration des contributions indirectes.	
— inspecteurs, régisseurs, conseil d'administration).	Id.	Administration centrale, secrétariat particulier.	1re section.
TABLEAUX (commandes au compte de l'état).	Intérieur.	Division des beaux-arts.	1er.
— (commandes au compte du département de la Seine).		Préfecture de la Seine, secrétariat général.	2e section.
TABLES astronomiques (perfectionnement des).		Bureau des longitudes.	
TABLES DÉCENNALES (détails de formation des).	Id.	Administration départementale et communale.	1er.
— (détails de formation , dans le département de la Seine).		Préfecture de la Seine, 1re division.	2e.
— (examen annuel général).	Just. et cult.	Division des affaires civiles et du sceau.	1er.
TANNERIES (autorisations pour établissement).	Commerce.	Administration de l'industrie agricole et commerciale.	5e.
— (autorisations pour établissement, dans le département de la Seine).		Préfecture de police, 2e divison.	4e.

ATTRIBUTIONS.	MINISTÈRES.	DIRECTIONS, ADMINISTRAT^{ons}, DIVISIONS.	BUREAUX.
TAPISSERIES (manufactures royales), administration).	Int. gén. de la liste civile.	Direction des manufactures royales.	
TARIF chronologique du commerce de France.	Commerce.	Conseil supérieur du commerce, secrétariat général.	1er.
— des prix du pain (réglemens).	Id.	Administration de l'industrie agricole et commerciale.	4e.
— Id. dans le département de la Seine (réglemens).		Préfecture de police, 2e division.	1er.
— général des douanes (tout ce qui s'y rapporte).	Finances.	Administration des douanes, 4e division.	1er.
— des douanes des pays étrangers (résumé chronologique).	Commerce.	Conseil supérieur du commerce, secrétariat général.	2e.
TAXE de navigation (bacs, passages d'eau, ponts, canaux, pêches, etc.).	Finances.	Administration des contributions indirectes.	
— du pain (réglemens).	Commerce.	Administration de l'industrie agricole et commerciale.	4e.
— du pain dans le département de la Seine (réglemens).		Préfecture de police, 2e division.	1er.
— des lettres, paquets, etc. (réglemens).	Finances.	Administration des postes, 2e division.	B^{au} de la vérification.
TÉLÉGRAPHES (administration, emploi, service général).	Intérieur.	Cabinet particulier du ministre.	

ATTRIBUTIONS.	MINISTÈRES.	DIRECTIONS, ADMINISTRAT[ons], DIVISIONS.	BUREAUX.
TÉLÉGRAPHES (usage particulier, dans chaque ministère).		Secrétariat général.	B[eu] central.
TELLEMONT (fondation du sieur), direction administrative.	Intérieur.	Administration départementale et communale.	5e.
— (fondation du sieur), régie particulière.		Administration des hospices de Paris.	
TEMPLES des cultes non catholiques (secours pour construction, etc.).	Just. et cult.	Division des cultes non catholiques.	B[au] des cultes non catholiq.
TEMPS (travaux scientifiques pour la connaissance des).		Bureau des longitudes.	
TERRAINS appartenant aux départemens, ou à acquérir dans leur intérêt, etc., etc., (régie administrative).	Intérieur.	Administration départementale et communale.	2e.
— des communes ou à acquérir en leur nom (régie financière).	Id.	Id.	4e.
— des communes (ventes, échanges, partages, contentieux).	Id.	Id.	3e.
THÉATRES de Paris et des départemens (régie administrative, personnel des directeurs et entrepreneurs, etc., etc.)	Intérieur.	Division des beaux-arts.	2e.
— de Paris et des départemens (dépenses pour le matériel, au compte des communes).	Id.	Administration départementale et communale.	4e.

ATTRIBUTIONS.	MINISTÈRES.	DIRECTIONS, ADMINISTRAT^{ons}, DIVISIONS.	BUREAUX.
THÉATRES de Paris et des départemens (subventions au compte des communes).	Intérieur.	Administration départementale et communale.	4e.
— de Paris et des départemens (subventions au compte de l'état).	Id.	Division des beaux-arts.	2e.
THÉATRES royaux (subventions).	Intérieur.	Id.	2e.
— royaux (commissions de surveillance, de conservation).	Id.	Id.	2e.
— de Paris (police).		Préfecture de police, secrétariat général.	2e b^{au}, 1re sect.
THÉOLOGIE (faculté de), personnel des fonctionnaires, diplomes, etc.	Instr. publ.	Première division.	2e.
TIMBRE royal (direction de l'atelier général, surveillance, etc.)	Finances.	Administration de l'enregistrement et des domaines.	3e sous-direct.
— royal (personnel des officiers).	Id.	Administration centrale, secrétariat particulier.	1re section.
— royal (employés subalternes), personnel.	Id.	Administration de l'enregistrement et des domaines.	Bureau particulier, etc.
— royal (amendes).	Id.	Id.	3e sous-direction.
— royal (suite des affaires y relatives, contentieux).	Id.	Administration centrale, secrétariat général.	3e.

T

ATTRIBUTIONS.	MINISTÈRES.	DIRECTIONS, ADMINISTRAT^{ons}, DIVISIONS.	BUREAUX.
TIMBRE royal contraventions , surveillance (Seine).		Préfecture de police, secrétariat général.	2e b^{au}, 1re sect.
TIMBRES (type des).	Just. et cult.	Secrétariat général.	Bureau des archives.
— (cachets) des autorités départementales et communales (délivrance, etc.)	Intérieur.	Division des beaux-arts.	1er.
— (cachets) des ministères , etc. (conservation, usage dans chaque ministère, etc.)		Secrétariat général.	B^{au} central.
TIRAGES (pour le recrutement militaire), juridiction administrative générale).	Guerre.	Direction du personnel et des opérations militaires.	B^{au} du recrut.
— (pour le recrutement militaire), juridiction dans le département de la Seine.		Préfecture de la Seine , 3e division.	3e.
TIRS d'armes à feu (autorisations , surveilveillance).	Intérieur.	Division de la police générale.	1er.
— d'armes à feu (autorisations, surveillance dans le département de la Seine).		Préfecture de police, 2e division.	4e.
TITRE des lingots, bijoux, ouvrages travaillés d'or et d'argent (apposition).	Finances.	Commission des monnaies.	B^{au} de la marque.
— des lingots, bijoux, ouvrages travaillés d'or et d'argent (recette des droits).	Id.	Administration des contributions indirectes.	

ATTRIBUTIONS.	MINISTÈRES.	DIRECTIONS, ADMINISTRATⁿˢ, DIVISIONS.	BUREAUX.
TITRE des lingots, bijoux, ouvrages travaillés d'or et d'argent (surveillance de la garantie dans le département de la Seine).		Préfecture de police, 1re division.	1er.
TONTINES (régie administrative).	Commerce.	Administration de l'industrie agricole et commerciale.	1er.
— (régie dans le département de la Seine).		Préfecture de la Seine, 3e division.	2e.
TOURBAGE des marais communaux.	Intérieur.	Administration départementale et communale.	3e.
— extraordinaire des marais communaux.	Id.	Id.	4e.
TOURS des enfans trouvés (établissement, suppression, etc).	Id.	Id.	5e.
TRAIN des parcs d'artillerie (personnel et matériel).	Guerre.	Direction du personnel et des opérations militaires.	Bureau de l'artillerie.
— des parcs de construction et des équipages militaires (personnel et matériel).	Id.	Direction de l'administration.	Bureau des convois.
TRAITE des noirs (commission contre la).	Marine.	Direction des colonies.	
TRAITÉS diplomatiques (confection, expédition, etc.)	Aff. étrang.	Direction politique.	Bureau du protocole.

T

ATTRIBUTIONS.	MINISTÈRES.	DIRECTIONS, ADMINISTRAT^{ons}, DIVISIONS.	BUREAUX.
TRAITÉS diplomatiques (collection).	Aff. étrang.	Direction des archives, etc.	
— de commerce (exécution en ce qui concerne les offices étrangers).	Id.	Direction commerciale.	
— généraux de commerce.	Commerce.	Conseil supérieur, secrétariat général.	1er.
— avec les offices étrangers (postes).	Finances.	Administration des postes, 2e division.	Bau de la corresp. étrang.
— des douanes.	Id.	Administration des douanes, 2e division.	1er.
— dans l'intérêt des départemens (régie administrative).	Intérieur.	Administration départementale et communale.	2e.
— dans l'intérêt des communes (régie administrative).	Id.	Id.	3e.
— dans l'intérêt des hospices (régie administrative).	Id.	Id.	5e.
TRANCHÉES sur la voie publique (autorisations dans le département de la Seine).		Préfecture de police, 2e division.	2e.
TRANSACTIONS dans l'intérêt des départemens (régie administrative).	Id.	Administration départementale et communale.	2e.
— dans l'intérêt des communes (régie administrative).	Id.	Id.	3e.

T

ATTRIBUTIONS.	MINISTÈRES.	DIRECTIONS , ADMINISTRATᵒⁿˢ, DIVISIONS.	BUREAUX.
TRANSACTIONS dans l'intérêt des hospices (régie administrative).	Intérieur.	Administration départementale et communale.	5ᵉ.
TRANSFÈREMENT de détenus civils (régie administrative).	Id.	Id.	2ᵉ.
— de détenus militaires (régie administrative).	Guerre.	Direction de l'administration.	Bureau des convois.
TRANSIT (préparation des lois sur le).	Commerce.	Administration de l'industrie agricole et commerciale.	1ᵉʳ.
— (exécution des lois sur le).	Finances.	Administration des douanes , 2ᵉ division.	1ᵉʳ.
TRANSPORTS des détenus civils (régie administrative).	Intérieur.	Administration départementale et communale.	2ᵉ.
— des détenus militaires (régie administrative).	Guerre.	Direction de l'administration.	Bᵃᵘ des convois.
— généraux de la guerre (régie administrative).	Id.	Id.	Bᵃᵘ des convois, etc.
TRAVAUX généraux, de Paris et des départemens (discussion, approbation des plans, devis , comptes, mémoires, etc.	Intérieur.	Direction des bâtimens et monumens publics.	Bᵃᵘ des travaux et conseil des bâtim. civils.
— d'intérêt général à Paris et dans les départemens (ordonnancement des dépenses).	Id.	Division de la comptabilité générale.	2ᵉ.

ATTRIBUTIONS.	MINISTÈRES.	DIRECTIONS, ADMINISTRAT^{ons}, DIVISIONS.	BUREAUX.
TRAVAUX historiques (direction adminis-trative).	Instr. publ.	Troisième division.	B^{au} des sciences et let., 3e sect.
— historiques de la guerre (direction ad-ministrative).	Guerre.	Direction du dépôt de la guerre.	3e section.
— à la mer, des dunes, des côtes, etc. (di-rection administrative).	Intérieur.	Direction générale des ponts-et-chaus-sées, section de la navigation.	1er.
— des ports (direction administrative).	Marine.	Direction des ports.	B^{au} des travaux.
TRAVAUX publics (questions d'art, conten-tieux, exécution, etc.)	Intérieur.	Direction des bâtimens et monumens publics.	Id.
TRAVAUX publics (propositions de paiement de comptes en faveur des entrepre-neurs).	Id.	Id.	B^{au} de la compt.
— publics (liquidation des comptes des en-trepreneurs).	Id.	Id.	Id.
— de Paris (révision des mémoires, exa-men des réclamations des entrepre-neurs, etc.)	Id.	Id.	Bureau du con-trôle.
— départementaux (régie administrative).	Id.	Administration départementale et com-munale.	2e.
— au compte des hospices et bureaux de bienfaisance (régie administrative).	Id.	Id.	5e.
— communaux (régie financière).	Id.	Id.	4e.

ATTRIBUTIONS.	MINISTÈRES.	DIRECTIONS, ADMINISTRAT^ons^, DIVISIONS.	BUREAUX.
TRAVAUX communaux (traités d'entreprises, contentieux).	Intérieur.	Administration départementale et communale.	3ᵉ.
— d'utilité publique projetés dans la zone militaire du royaume (avis).	Guerre.	Commission mixte des travaux publics.	
— publics (commission mixte des).	Id.	Dir. du personnel et des opérat. milit.	Bᵃᵘ du génie.
— publics (militaires condamnés aux), exécution des jugemens.	Id.	Id.	Bᵃᵘ de la justice militaire.
— dans le département de la Seine (régie administrative).		Préfecture de la Seine, 2ᵉ division.	1ᵉʳ.
— forcés (condamnés aux), exécution des jugemens).	Just. et cult.	Division des affaires criminelles et des graces.	1ᵉʳ.
— forcés (condamnés aux), régime dans les bagnes.	Marine.	Direction des ports.	Bureau des chiourmes.
TRÉSOR public (surveillance générale).	Finances.	Administration centrale, direction du contentieux.	Bᵃᵘ de l'agence du trésor pub.
— public (examen et visa des aff. judiciair.)	Id.	Id.	Id.	Id.
— public (défense des actions contre le).	Id.	Id.	Id.	Id.
— public (personnel des officiers ministériels attachés au).	Id.	Id.	Id.	Id.
— public (cautionnemens généraux, conservation et recouvrement des inscriptions hypothécaires).	Id.	Id.	Id.	Id.

ATTRIBUTIONS.	MINISTÈRES.	DIRECTIONS, ADMINISTRAT^{ons}, DIVISIONS.	BUREAUX.
TRÉSOR public (autorisations à la caisse du).	Finances.	Administration centrale, direction du mouvement général des fonds.	1er.
— public (oppositions, transports et mainlevées).	Id.	Administration centrale, direction du contentieux.	B^{au} des oppositions.
— public (paiement de toutes les dépenses payables à Paris, et envois de mandats dans les départemens).	Id.	Id.	Id.	Caissecentrale, trésor pub.
— public (conversions générales de valeurs, placemens à intérêts).	Id.	Id.	Id.	Id.
— public (contrôle général).	Id.	Administration centrale, contrôle central du trésor public.	
— public (poursuite des débets).	Id.	Administration centrale, direction du contentieux.	B^{au} de l'agence du trésor pub.
— public (impression des effets et valeurs).	Just. et cult.	Direction de l'imprimerie royale.	B^{au} du service actif.
— de la couronne (juridiction administrative).	Int^{ce} gén^{le} de la liste civ.		
TRIBUNAUX (personnel et discipline).	Just. et cult.	Division du personnel.	1er.
— (dépenses des bâtimens, du matériel, etc.)	Intérieur.	Administration départementale et communale.	2e.

ATTRIBUTIONS.	MINISTÈRES.	DIRECTIONS, ADMINISTRAT^{ons}, DIVISIONS.	BUREAUX.
TRIBUNAUX militaires (juridiction administrative.	Guerre.	Direction du personnel et des opérations militaires.	B^{au} de la justice militaire.
— maritimes id.	Marine.	Direction des ports.	B^{au} des mouvemens.
— de commerce id.	Just. et cult.	Division du personnel.	1er.
— id. (création).	Id.	Division des affaires civiles et du sceau.	1er.
— id. (bâtimens, matériel, dépenses par les communes).	Intérieur.	Administration départementale et communale.	4e.
TRIBUNES (concession dans les églises).	Just. et cult.	Division du culte catholique.	3e.
TRONE (hautes délibérations sur tout ce qui tient à la sûreté du).	Conseil des ministres.		
TROTTOIRS (établissement, dépenses par les communes).	Intérieur.	Administration départementale et communale.	4e.
— (établissement, dépenses à Paris).		Préfecture de la Seine, 2e division.	2e.
— (surveillance d'entretien à Paris).		Préfecture de police, 2e division.	2e.
TROUPES (administration générale).	Guerre.	Direction du personnel et des opérations militaires.	B^{aux} compétens des corps.
— (recrutement et réserve).	Id.	Id.	Bureau du recrutement.
— (tribunaux, conseils de guerre, exécution des jugemens, etc.)	Id.	Id.	B^{au} de la justice militaire.

ATTRIBUTIONS.	MINISTÈRES.	DIRECTIONS, ADMINISTRAT^{ons}, DIVISIONS.	BUREAUX.
TROUPES (armement).	Guerre.	Direction du personnel et des opérations militaires.	Bureau de l'artillerie.
— (instruction, mouvemens).	Id.	Id.	B^{au} des opérat. militaires.
— (casernement).	Id.	Id.	B^{au} du génie.
— (solde).	Id.	Direction de l'administration.	Bureau de la solde.
— (habillement).	Id.	Id.	B^{au} de l'habillement.
— (subsistances).	Id.	Id.	B^{au} des subsist. militaires.
— (hôpitaux, régime de santé, etc.)	Id.	Id.	B^{au} des hôpitaux.
— (transports, convois, lits, équipages, étapes, etc.)	Id.	Id.	B^{au} des transports.
— (pensions).	Id.	Direction des fonds de la comptabilité générale.	Bureau des pensions.
— (Invalides), administration de l'hôtel royal.	Id.	Secrétariat général.	Bureau du secrétariat.
— (dépenses générales).	Id.	Direction des fonds de la comptabilité générale.	B^{au} des fonds.

T

ATTRIBUTIONS.	MINISTÈRES.	DIRECTIONS, ADMINISTRAT[ons], DIVISIONS.	BUREAUX.
TROUPES (état civil).	Guerre.	Secrétariat général.	Bureau du se-crétariat.
— en passage, en garnison, à Paris (caser-nement, dépenses, etc.)		Préfecture de la Seine, 3e division.	3e.
— (casernement, frais par les communes, abonnemens, etc.)	Intérieur.	Administration départementale et com-munale.	4e.
— (officiers retraités), autorisations de ré-sidence à l'étranger.	Id.	Division de la police générale.	3e.
TROUSSEAUX dans les colléges royaux (in-demnités de).	Instr. publ.	Division de la comptabilité générale.	3e.
TUERIES (examen sanitaire pour établisse-ment de).	Commerce.	Administrat. de l'industrie agricole, etc.	5e.
— (examen sanitaire dans le département de la Seine).		Préfecture de police, conseil de salu-brité.	
— (autorisations dans le département de la Seine).		Préfecture de police, 2e division.	4e.
TYPOGRAPHIE (juridiction administrative générale).	Intérieur.	Division des beaux-arts.	3e.
— orientale (inspection, etc.)	Just. et cult.	Direction de l'imprimerie royale.	

ATTRIBUTIONS.	MINISTÈRES.	DIRECTIONS, ADMINISTRAT^{ons}, DIVISIONS.	BUREAUX.
UNIFORMES (réglemens , etc., et relatifs aux).	Guerre.	Direction de l'administration.	B^{au} de l'habillement, etc.
UNIVERSITÉ (juridiction administrative).	Instr. publ.	Première division..	1er.
— (régie des domaines, legs, fondations, contentieux).	Id.	Deuxième division.	2e.
— (recettes et dépenses).	Id.	Id.	2e.
— (pensions aux anciens membres et à leurs veuves).	Id.	Id.	2e.
— (secours aux anciens membres et à leurs veuves).	Id.	Première division.	1er.
— (Almanach de l').	Id.	Secrétariat général.	2e.
USAGE (droits d') dans les forêts de l'état.	Finances.	Administration des forêts, 3e division.	Contentieux.
— (régie dans l'intérêt des communes, de leurs droits d').	Intérieur.	Administration départementale et communale.	3e.
USAGERS (délivrance aux).	Finances.	Administration des forêts, 2e division.	Matériel.
USINES (autorisations pour établissement).	Commerce.	Administration de l'industrie agricole et commerciale.	5e.
— (autorisation pour établissement, dans le département de la Seine).		Préfecture de police, 2e division.	4e.
— (voirie vicinale), subventions à payer par les propriétaires.	Intérieur.	Administration départementale et communale.	1er.

ATTRIBUTIONS.	MINISTÈRES.	DIRECTIONS , ADMINISTRAT^{ons}, DIVISIONS.	BUREAUX.
USINES sur cours d'eau (régie administrative, autorisations, etc.).	Intérieur.	Direction générale des ponts-et-chaussées , section de la navigation.	3e.
— à proximité des forêts (autorisations pour établissement).	Finances.	Administration des forêts, 3e division.	Contentieux.
USTENSILES de cuivre (surveillance dans le département de la Seine), salubrité.		Préfecture de police , 2e division.	4e.
UTILITÉ publique (établissemens d'), personnel général.	Intérieur.	Secrétariat général.	B^{au} des secours.
— publique (allocation des fonds alloués au budget pour les établissemens d').	Id.	Id.	Id.
— publique (comptabilité , surveillance , statuts , réglemens , etc. , des établissemens d').	Id.	Administration départementale et communale.	5e.

ATTRIBUTIONS.	MINISTÈRES.	DIRECTIONS, ADMINISTRAT^{ons}, DIVISIONS.	BUREAUX.
VACCINATIONS gratuites.	Commerce.	Secrétariat général.	B^{au} des établiss. sanitaires.
— id.		Sociétés de médecine pratique.	
— id. (Seine).		Administration des hospices de Paris.	
VACCINE (propagation de la).	Id.	Secrétariat général.	Id.
— (id.) dans le département de la Seine).		Administration des hospices de Paris.	
— (surveillance y relative dans le département de la Seine).		Préfecture de police, 2e division.	4e.
VACHERIES (autorisations dans le département de la Seine).		Id. Id.	4e.
VAGABONDAGE (répression du).	Intérieur.	Division de la police générale.	1er.
— id. (Seine).		Préfecture de police, 1re division.	1er.
VAINE pâture dans les forêts de l'état (régie administrative).	Finances.	Administration des forêts, 3e division.	Contentieux.
— pâture au profit des communes (usage).	Intérieur.	Administration départementale et communale.	3e.
VAINQUEURS de la Bastille (récompenses, etc., etc.	Id.	Sous-secrétariat d'état.	B^{au} des gardes nationales.
VAISSEAUX (construction, armement, approvisionn., mouvemens généraux).	Marine.	Direction des ports.	B^{aux} des trav., de l'artillerie, des mouvemens.

V

ATTRIBUTIONS.	MINISTÈRES.	DIRECTIONS, ADMINISTRAT^{ons}, DIVISIONS.	BUREAUX.
VAISSEAUX (officiers et équipages).	Marine.	Division du personnel.	B^{au} des officiers, du recrut., etc.
VALUE (plus), voirie urbaine.	Intérieur.	Administration départementale et communale.	1er.
VAPEUR (machines à), autorisations pour établissement.	Commerce.	Administration de l'industrie agricole et commerciale.	5e.
— (machines à), autorisations pour établissement dans le département de la Seine.		Préfecture de police, 2e division.	4e.
— (bateaux à), commission de surveillance, à Paris.		Préfecture de police.	
VARECH (coupe et récolte).	Commerce.	Administration de l'industrie agricole et commerciale.	1er.
— (partage entre les communes).	Intérieur.	Administration départementale et communale.	3e.
VASES suspects (examen, à Paris).		Préfecture de police, conseil de salubrité.	
— suspects (saisie, destruction, à Paris).		Préfecture de police, 1re division.	1er
VENDANGES (réglemens des bans).	Commerce.	Administration de l'industrie agricole et commerciale.	3e.
VENTES au nom des départemens (régie administrative).	Intérieur.	Administration départementale et communale.	2e.

ATTRIBUTIONS.	MINISTÈRES.	DIRECTIONS , ADMINISTRAT^{ons}, DIVISIONS.	BUREAUX.
VENTES au nom des communes (régie admi-nistrative).	Intérieur.	Administration départementale et com-munale.	3ᵉ.
— au nom des communes (rentrée, emploi des produits).	Id.	Id.	4ᵉ.
— dans l'intérêt des hospices, bureaux de bienfaisance et Monts-de-Piété (régie administrative).	Id.	Id.	5ᵉ.
— de chablis.	Finances.	Administration des forêts, 2ᵉ division.	Matériel.
— publiques (régie administrative).	Commerce.	Administration de l'industrie agricole et commerciale.	1ᵉʳ.
— dans l'intérêt du département de la Seine et de la ville de Paris (régie ad-ministrative).		Préfecture de la Seine, secrétariat gé-néral.	1ʳᵉ section.
— (salles de), surveillance, à Paris.		Préfecture de police, 1ʳᵉ division.	1ᵉʳ.
— des objets abandonnés aux greffes des tribunaux et aux messageries, à Pa-ris.		Préfecture de la Seine, 1ʳᵉ division.	3ᵉ.
VERRE (autorisations pour établissement de fabriques de).	Commerce.	Administration de l'industrie agricole et commerciale.	5ᵉ.
— (avis sur établissement de fabriques de).	Finances.	Administration des forêts, 3ᵉ division.	Contentieux.
VÉTÉRANS, compagnies de (administration, etc.).	Guerre.	Direction du personnel et des opéra-tions militaires.	Bureau de l'in-fanterie.

V

ATTRIBUTIONS.	MINISTÈRES.	DIRECTIONS, ADMINISTRAT°ⁿˢ, DIVISIONS.	BUREAUX.
VÉTÉRINAIRES (écoles, etc.).	Commerce.	Administration de l'industrie agricole et commerciale.	3ᵉ.
— des corps de troupes à cheval (personnel).	Guerre.	Direction du personnel et des opérations militaires.	Bᵃᵘ de la caval.
VICAIRES généraux (indemnités).	Justice et cultes.	Division du culte catholique.	1ᵉʳ.
VICARIATS (régie temporelle, présentation de nomination au roi pour les).	Id.	Id	3ᵉ.
VIDANGES (régie sous le rapport de la salubrité).	Commerce.	Adm. de l'industrie agricole et comm.	5ᵉ.
— examen sanitaire (Seine).		Préfecture de police, conseil de salubrité.	
— surveillance (Seine).		Préfecture de police, 2ᵉ division.	2ᵉ.
VISITES aux prisonniers (permis de).	Intérieur.	Administration départementale et communale.	2ᵉ.
— aux prisonniers (Seine).		Préfecture de police, 1ʳᵉ division.	3ᵉ.
VIVRES généraux (approvisionnemens, surveillance, etc.)	Commerce.	Administration de l'industrie agricole et commerciale.	4ᵃ.
— de la guerre (approvisionnemens, etc.)	Guerre.	Direction de l'administration.	Bᵃᵘ des subsistances milit.
— de la marine (id. id.)	Marine.	Direction des ports.	Bᵃᵘ des approvisionnem. gén.

ATTRIBUTIONS.	MINISTÈRES.	DIRECTIONS, ADMINISTRAT°ⁿˢ, DIVISIONS.	BUREAUX.
VIVRES, surveillance et approvisionnemens, à Paris.		Préfecture de police, 2ᵉ division.	1ᵉʳ.
VOIRIE (grande) routes, ponts etc. (exécution des lois et réglemens).	Intérieur.	Direction générale des ponts-et-chaussées.	Section des routes et ponts.
— (grande), dans les villes et bourgs (régie administrative).	Id.	Administration départementale et communale.	1ᵉʳ.
— (vicinale et petite), régie administrative.	Id.	Id.	1ᵉʳ.
— communale (droits de).	Id.	Id.	4ᵉ.
— (grande), de Paris, intrà muros (régie administrative).		Préfecture de la Seine, 2ᵉ division.	4ᵉ.
— vicinale (Seine).		Id. Id.	4ᵉ.
— (petite), de Paris, surveillance, permissions, etc.		Préfecture de police, 2ᵉ division.	2ᵉ.
— (petite), de Paris (personnel des architectes).		Id. Id.	2ᵉ.
VOIRIES (autorisations pour établissement).	Commerce.	Administration de l'industrie agricole et commerciale.	5ᵉ.
— de Bondy et Montfaucon (examen sanitaire).		Préfecture de police, conseil de salubrité.	
— de Bondy et Montfaucon (travaux, dépenses).		Préfecture de la Seine, 2ᵉ division.	2ᵉ.

ATTRIBUTIONS.	MINISTÈRES.	DIRECTIONS, ADMINISTRAT^{ons}, DIVISIONS.	BUREAUX.
VOIRIES de Bondy et Montfaucon (surveillance).		Préfecture de police, 2e division.	4e.
VOITURES publiques (droits du 10e).	Finances.	Administration des contributions indirectes.	
— publiques (droits de stationnement perçus par les communes).	Intérieur.	Administration départementale et communale.	4e.
— publiques. Surveillance, numérotage, plaques (Seine).		Préfecture de police, 2e division.	3e.
— publiques. Syndicat des loueurs (Seine).		Id. Id.	3e.
— (mise en fourrière, à Paris).		Id. Id.	3e.
VOLTIGEURS corses (administration, etc.).	Guerre.	Direction du personnel et des opérations militaires.	Bau de la gendarmerie.
VOTES des conseils généraux (réception de la première partie).	Intérieur.	Administration départementale et communale.	2e.
— des conseils généraux (réception de la deuxième partie).	Id.	Id.	1er.
— des conseils généraux (rédaction et transmission du résumé général).	Id.	Id.	1er.
VOYAGES scientifiques (avances, indemnités, souscriptions).	Instr. pub.	Troisième division.	Bau des sciences et let., 1re sect.
VOYERS (commissaires), personnel.	Intérieur.	Administration départementale et communale.	1er.

ATTRIBUTIONS.	MINISTÈRES.	DIRECTIONS, ADMINISTRAT^{ons}, DIVISIONS.	BUREAUX.
VOYERS de la grande voirie de Paris (personnel).		Préfecture de la Seine, 3e division.	1er.
— de la petite voirie de Paris (id.)		Préfecture de police, 2e division.	2e.
WATRINGUES (régie administrative).	Intérieur.	Direction générale des ponts-et-chaussées, section de la navigation.	2e.

Z

ATTRIBUTIONS.	MINISTÈRES.	DIRECTIONS, ADMINISTRAT^ons, DIVISIONS.	BUREAUX.
ZOAVES (bataillon des), administration, etc.	Guerre.	Direction du personnel et des opérations militaires.	Bureau de l'infanterie.
ZONE militaire du royaume (avis sur les travaux projetés dans la).	Id.	Commission mixte des travaux publics.	

FIN.

DÉSIGNATION NOMINATIVE

DES MINISTÈRES, DIRECTIONS, ADMINISTRATIONS, etc., DONT LES ATTRIBUTIONS, CLASSÉES EN UN SEUL ORDRE ALPHABÉTIQUE, COMPOSENT CE VOLUME.

Ministère de la justice et des cultes	Place Vendôme, n° 17.
— de l'instruction publique	Rue de Grenelle-St-Germain, n° 116.
— des affaires étrangères	Boulevart des Capucines, n° 2.
— de la guerre	Rue St-Dominique-St-Germain, n° 82.
— de la marine et des colonies	Rue Royale, n° 2.
— de l'intérieur	Rue de Grenelle-St-Germain, n°s 101 et 103.
— du commerce et des travaux publics	Rue de Varennes, n° 26.
— des finances	Rue de Rivoli, n° 48.
Grande chancellerie de la légion d'honneur	Rue de Lille, n° 70.
Intendance générale de la liste civile	Place Vendôme, n° 9.
Cour des comptes	Cour de la Ste-Chapelle, n° 4.
Commission des monnaies et médailles	Quai Conti, n° 11.
Direction générale des ponts-et-chaussées et des mines	Rue des Sts-Pères, n° 24.
Institut royal de France	Quai Conti.
Conseil d'état	Rue St-Dominique-St-Germain, n° 58.
Administration du domaine privé du roi	Rue St-Honoré, n° 216.
Caisse d'amortissement, des dépôts et consignations	Rue et maison de l'Oratoire.
La bourse et le tribunal de commerce (Seine)	Place de la Bourse.
La Banque de France	Rue de la Vrillière.
Administration des hospices de Paris	Rue Neuve-Notre-Dame, n° 2.

Archives du royaume . . . . Rue du Chaume, n° 12.
Bureau du recrutement (Seine). . . . . Rue d'Enfer, n° 8.
Administration de l'enregistrement et des domaines . . . . Rue de Castiglione, n° 1 bis.
   —   du timbre royal. Rue de la Paix, n° 3.
   —   des douanes et salines . . . . Rue Monthabor, n° 15.
   —   des contributions directes. . . . . Rue de la Verrerie, n° 55.
   —   id.   (Seine). . . . . Place de l'Hôtel-de-Ville, n° 8.
   —   id.   indirectes . . . . Rue Neuve-de-Luxembourg, n° 2.
   —   id.   id.   de la Seine. . . . . Rue Duphot, n° 10.
   —   des tabacs . . . . Rue Neuve-de-Luxembourg, n° 2.
   —   des postes . . . . Rue Jean-Jacques-Rousseau.
   —   des forêts. Rue Neuve-de-Luxembourg, n° 2 ter.
   —   des lignes télégraphiques. . . . . Rue de l'Université, n° 9.
   —   de la loterie royale . . . . Rue Neuve-de-Luxembourg, n° 2 bis.
   —   du Mont-de-Piété (Seine) . . . . Rue des Blancs-Manteaux.
Imprimerie royale . . , ... Rue Vieille-du-Temple, n° 89.
Préfecture de police . . . . , . . . Rue de Jérusalem, n° 7.
   —   de la Seine . . . . Place de l'Hôtel-de-Ville.
Marque d'or et d'argent (Seine). . . . . Rue Guénégaud, n° 10.
Conservation des hypothèques pour Paris. . . . . Rue du Cadran, n° 9.
Octroi de Paris. . . . . Rue Pinon, n° 2.
Caisse d'épargne et de prévoyance (Seine). . . . . Rue de la Vrillière, n° 5.

ERRATA.

Dans un ouvrage de ce genre, aussi volumineux et distribué d'une façon nouvelle, il fallait s'attendre, malgré tous les soins apportés, à trouver quelques fautes ; mais elles sont en bien petit nombre ; les voici rectifiées.

Page 15. *Arrondissemens (délimitation)*, lisez à la suite : *Intérieur, Administration départementale et communale, 1er bureau.*

Page 17. *Associations (police des)*, négliger le mot *id.* qui est à la suite.

Page 37, 5ᵉ article, *Bᵃᵘ particulier*, lisez *Bᵃᵘ central.*

Page 40. Aux 4ᵉ et 5ᵉ articles il y a transposition dans la 3ᵉ colonne, ainsi : *Administration départementale et communale* doit suivre le ministère de l'*Intérieur*, et la *Division des affaires civiles* le ministère de la *justice.*

Page 65. Au 7ᵉ article lisez : *Hautes délibérations.*

Page 78. Au 6ᵉ article lisez : *Administration centrale*, au lieu de *commerciale.*

Page 112. Au 3ᵉ article lisez : *au compte des communes.*

Page 116. Au 5ᵉ article lisez, dans la dernière colonne : *Bᵃᵘ du recrutement.*

Page 116. Au 9ᵉ article lisez, dans la dernière colonne : *1er bureau.*

Page 124. *Exhumations*, lisez à la suite : *Intérieur, division de la police générale, 1er bureau.*

Page 159. Le mot *Guerre*, dans la 2ᵉ colonne, doit descendre à l'article *Intendans.*

Le Secrétariat général de la préfecture de police (1er bᵃᵘ, 2ᵉ section) a, non seulement le personnel des employés de cette administration, mais encore de tous les employés des services extérieurs qui en dépendent : cette note doit rectifier ici quelques indications fautives dans les premières pages du volume.

DICTIONNAIRE FRANÇAIS

CLASSIFICATEUR,

PORTATIF ET DE BUREAU.

MÉTHODE NOUVELLE DANS L'ARRANGEMENT DES MOTS, QUI REND LES RECHERCHES BEAUCOUP PLUS FACILES ET BEAUCOUP PLUS PROMPTES QUE DANS TOUS LES OUVRAGES USUELS SUR CETTE MATIÈRE;

Par V^{or} MERCIER,

1 VOLUME IN-12 DE 600 PAGES. PRIX : 6 FRANCS (4. FR. 50 PAR SOUSCRIPTION AVANT LA VENTE).

Ce livre a la forme générale des Dictionnaires connus, mais chacune de ses pages se partage en quatre séries bien distinctes et intitulées : la 1re *substantifs*; la 2e *verbes et participes*; la 3e *adjectifs et adverbes*; la 4e *articles, pronoms, prépositions, conjonctions et interjections*; chacune de ces divisions placées perpendiculairement, ne contient que les mots dont elle porte l'indication : c'est là ce qui constitue la différence établie entre ce nouveau Dictionnaire et tous ceux qui existent; ces derniers, en effet, laissent, à chaque page, tous les mots confondus entre eux, de quelque nature qu'ils soient, et les rangent seulement par ordre alphabétique : *le Dictionnaire classificateur*, à chaque page aussi, classe d'abord les mots dans la division qui leur est propre, les *verbes* avec les *verbes*, les *substantifs* avec les *substantifs*, etc., et les range entre eux alphabétiquement; c'est ce mode nouveau qui rend les recherches beaucoup plus faciles et beaucoup plus promptes, pour tous ceux qui savent distinguer un *verbe* d'un *substantif*, etc. Ici, un seul exemple suffira : on veut s'assurer de la signification, de la nature, ou de l'orthographe du verbe *révérer* : pour cela, dans les dictionnaires ordinaires, en se portant à la page qui a en tête les lettres indicatives R E V, on a à passer en revue pour arriver au verbe *révérer*, plus de soixante mots qui le précèdent; au lieu que dans le livre dont il s'agit ici, aussitôt arrivé à la page R E V, on jette les yeux sur la série des verbes; et l'on trouve au 12e article le verbe *révérer*, qui s'est ainsi présenté trois fois plus vite. On conçoit qu'il doit en être de même pour tous les mots dont se compose la langue française, au nombre de plus de 55,000, et qui sont contenus aussi dans LE DICTIONNAIRE FRANÇAIS CLASSIFICATEUR.

Ouvrage utile aux littérateurs, aux hommes de cabinet et de bureau, et à toutes les personnes qui veulent perdre le moins de temps possible dans les recherches à faire pour aider la mémoire.